Kaj Munk Er sitzt am Schmelztiegel

MIX
Papier aus verantwortungsvollen Quellen
Paper from responsible sources
FSC® C105338

Kaj Munk

Er sitzt am Schmelztiegel

1938

Übersetzt und herausgegeben von
Paul Gerhard Schoenborn

NordPark Verlag

Bibliografische Information der Deutschen Nationalbibliothek
Die Deutsche Nationalbibliothek verzeichnet diese Publikation in der Deutschen Nationalbibliografie; detaillierte bibliografische Daten sind im Internet über http://dnb.d-nb.de abrufbar.

Originalausgabe 2024
(Neuauflage des 2017 als Besonderes Heft im NordPark Verlag erschienenen Textes)

Satz: Alfred Miersch
Herstellung: Books on Demand GmbH, Norderstedt
Printed in Germany
ISBN 978-3-943940-86-2

NordPark Verlag ·
Wuppertal und Radevormwald
Büro: Honsberger Str. 32A · D-42477 Radevormwald
www.nordpark-verlag.de

Inhalt

Für

Dieter Schermeier

und

Isabel Sandig und Ralf Gottesleben

Sie haben im Jahre 1996 dieses politische und theologische Warnstück Kaj Munks gegen die Judenverfolgung und die Arisierung des Juden Jesus aus Nazareth in der NS-Zeit erstmals in Deutschland inszeniert und mit großem Erfolg gespielt. Bis heute erlebte ihre Inszenierung mehr als 130 Aufführungen.

Die Erde brennt. Es gibt Zeiten in der Geschichte der Menschheit, da ist es möglich, das zu vergessen, aber unsere Zeit ist nicht eine solche. Mindestens sieben Tage in der Woche werden wir daran erinnert, dass wir in ein glühendes und brodelndes Feuer geworfen sind. Sind es die Flammen des Untergangs, die um uns her lodern? Wir wissen es nicht. Oft presst sich unser Herz zusammen aus Angst davor. Aber unser christlicher Glaube sagt, das Feuer um uns herum gehöre zu dem Schmelztiegel. Der Glaube kann es nicht beweisen und macht auch keinen Versuch dazu. Er gibt nur weiter, was ihm zugesagt wurde. Die Erde befindet sich im Schmelztiegel.

Der christliche Gott ist ein großer Gott. Er ist so groß, dass er sich nicht mit weniger zufrieden gibt, als dass er auch noch einen Gott als Heizer in seiner Werkstatt beschäftigt. Es ist der Gott in der Hölle, der Kohlen unter Gottes Schmelztiegel schaufeln muss. Deswegen ist die Hitze so fürchterlich. Aber das muss wohl so sein, damit der Schmelzvorgang und die Läuterung glücken.

Wird die Läuterung glücken? Was wissen wir Menschen schon? Eine Explosion kann alles in die Luft jagen. Oder es bleiben nur Schlacke und Asche übrig. Das Christentum verdrängt nicht die Spannungen des Lebens. Es ist die Religion des Dramatischen.

Aber es behauptet auch, dass es einen Sinn in diesem so scheinbar Sinnlosen gibt, dem Schrecken des Weltenbrandes. Und es dichtet einen Hoffnungstraum von einem Ausgang zu ›einem neuen Himmel und einer neuen Erde, in denen Gerechtigkeit wohnt‹.

Kaj Munk im Theaterheft zur Premiere 1938 von
„Han sidder ved Smeltediglen“

Die Personen

Professor Mensch, ein Archäologe
Fräulein Schmidt, Assistentin von Professor Mensch
Professor Dorn, Archäologe, später deutscher Kultusminister
Bischof Beugel, Lutheraner
Dr. Helm, Leiter der Universitätsbibliothek
Fräulein Fürst, Verlobte von Dr. Helm
Frau Thrane, Putzfrau
Adolf Hitler, Führer und Reichskanzler Deutschlands

Ort der Handlung ist Berlin.

Die ersten vier Akte spielen im Arbeitszimmer von Professor Mensch, der fünfte in der Festhalle der Berliner Universität.

Der Übersetzung liegt der Text der Kaj Munk Mindeudgave, Band „Egelykke og andre Skuespil", Seite 7 - 54, Nyt Nordisk Forlag Arnold Busck, Kopenhagen 1949, zugrunde.

I

Professor Mensch arbeitet in seinem Studierzimmer zwischen Tonscherben, Manuskripten und Büchern. Er notiert etwas, holt sich andere Bücher, schlägt sie auf, blättert in einer Zeitschrift, schaut auf die Uhr. Ab und zu spricht er nach seiner alten Gewohnheit mit sich selbst.

Mensch Was tut das doch weh, gerade zwischen den Schulterblättern. ... Ob ich eine Bronchitis bekomme? ... Es zieht hier wirklich. Kalt ist es und irgendwas steht offen.

Er blickt zum Fenster, es ist zu, dann zur Tür, die ist auch zu. Er schüttelt sich, findet etwas in der Zeitschrift, aber schaudert wieder. Dann entdeckt er zerstreut eine offene Schranktür und schließt sie.

Ah, das hilft!

Er vertieft sich wieder in seine Zeitschrift und stutzt.

Was, das ägyptische Alphabet während der sechsten Dynastie? Was hat er denn dort verloren? Dass er sich doch nie aus den Dingen heraushalten kann, von denen er nun wirklich nichts versteht! Nein, das ist doch wirklich zu blöde! Ursprünglich hätte ein Apostroph auf der achten Hieroglyphe sein sollen! Dass so etwas in diesem Land geschrieben werden darf, noch dazu, nachdem der Führer an die Macht gekommen ist. Bah!

Er wirft die Zeitschrift von sich, diese stößt ein Buch um, das wiederum einen Knopf niederdrückt; eine Klingel ertönt irgendwo im Haus. Er zieht hastig das Buch weg, als er endlich begreift, warum es klingelt.

Frau Trahne **(tritt auf)** Sie haben geklingelt, Herr Professor?

Mensch Nein, ich habe nichts gemacht, liebe Frau Trahne. Und da war auch überhaupt nichts. Ich danke vielmals. Und entschuldigen Sie.

Frau Trahne Sie haben nicht geklingelt? Weiß der Himmel ...

Mensch Das war die Zeitschrift, die geklingelt hat. Ich war es nicht, das habe ich doch gesagt. Und „Entschuldigung!“ habe ich auch schon gesagt. Aber umgekehrt bitte ich Sie, überall alles richtig zuzumachen. Es steht irgendwo eine Tür offen.

Frau Trahne Eine Tür offen! Nein, Herr Professor, nun müssen Sie aber wirklich ...

Mensch Es zog hier auf jeden Fall. Und es kommt mir so vor, als hätte ich alle Türen zugemacht.

Frau Trahne So wahr es einen Gott gibt, habe ich nichts offen stehen lassen. Ich war drinnen, um Ihre Kakteen abzusprühen, Herr Professor. Heute ist der Tag, an dem sie bewässert werden. Die kleinen Kakteen. Ich kam mit der Sprühkanne in meiner linken Hand, schloss hinter mir die Tür mit rechts und setzte darauf die Kanne auf den Hocker, um mit links zu sprühen. Und dann sah ich, nachdem ich gewässert hatte ...

Mensch Frau Trahne, es war nicht nötig, sie heute zu begießen. … Kommt Fräulein Schmidt erst übermorgen zurück?

Frau Trahne Ich kümmere mich nicht um Fräulein Schmidts Reisen. Seit diese Dame vor dreieinhalb Jahren in dieses Haus kam ...

Mensch **(seufzt)**

Frau Trahne Immer werde ich unterbrochen. Hier bin ich nun fünfzehn Jahre lang unterbrochen worden. **(Geht hinaus. Schließt die Tür. Steckt den Kopf wieder herein.)** Vielleicht haben Sie es gemerkt, Herr Professor, dass ich die Tür zugemacht habe.

Mensch Nein, das ist doch zu dumm! Ich kündige ihr am nächsten Ersten. Aber das habe ich ja schon viele Jahre tun wollen. Wovon sollen ihre Söhne studieren, wenn sie nicht mehr hier sein kann. Denn kein anderer wird sie haben wollen. Uf! Das Leben ist doch voller irritierender Probleme. Gut, dass ich meine Tonscherben habe.

Er holt umständlich, wobei er viele Schlüssel probiert, aus einer Schublade ein Päckchen heraus, öffnet es vorsichtig und schaut hinein, so wie man einen Säugling im Kinderwagen auf der Straße vorsichtig beguckt, damit er ja keinen Zug bekommt. Seine Augen leuchten, sein Angesicht wird erstaunlich schön. Es klopft. Er fährt zusammen.

Nein! Warten Sie etwas! (verwahrt das Päckchen wieder) Herein! Wer ist es?

Frau Trahne (herein) Da ist der Herr Universitätsbibliotheksdirektor mit seiner Verlobten. Er sagt, er wolle nur eben „Guten Morgen“ sagen. Man kann schlecht verwechselt werden, wenn man so einen langen Titel hat.

Mensch Gott bewahre! Lassen Sie sie hereinkommen. (schließt den Schreibtisch ab) Herr Doktor Helm! Gnädiges Fräulein!

Dr. Helm Wir kommen auf unserem Morgenspaziergang vorbei.

Fräulein Fürst Und haben über Sie auf dem ganzen Weg gesprochen.

Dr. Helm Deshalb meinten wir, wir sollten mal hereinschauen.

Fräulein Fürst Hugo dachte, wir könnten es wagen.

Dr. Helm Sie sitzen hier drinnen richtig mollig warm.

Fräulein Fürst Dafür ist es draußen prächtig kalt.

Dr. Helm Die Telefondrähte dichten.

Fräulein Fürst Und es liegt Poesie auf den Bäumen.

Dr. Helm Es klingt in den Ohren.

Fräulein Fürst Als ob es Vogelgesang im Frühling wäre.

Dr. Helm Haben Sie die Londoner Times gelesen?

Mensch Nein. Ich sehe mir fast nie eine Zeitung an.

Fräulein Fürst Haben Sie sie nicht gelesen?

Dr. Helm Das habe ich dir doch gesagt.

Fräulein Fürst Wir haben uns darüber auf dem ganzen Weg gestritten. So wissen Sie nicht, dass England aus dem Häuschen ist?

Mensch England aus dem Häuschen?

Dr. Helm Ja, über Sie!

Fräulein Fürst Lass mich jetzt, Hugo. Über Ihre Entzifferung der … was war es noch einmal?

Dr. Helm Der Keilschrift von Astaroth.

Fräulein Fürst Und Amerika will Sie uns abwerben. Es gibt eine Universität in ... wo war die noch mal, Hugo?

Dr. Helm In Harrow.

Fräulein Fürst Die will Ihnen das Gleiche zahlen, was Greta Garbo als Gage bekommt.

Mensch Nun wird's mir ganz schwindelig.

Dr. Helm Sie lachen. Das tun wir anderen nicht. Wir sind stolz auf Sie. Alle deutschen Zeitungen erwähnen Sie heute mit Schlagzeilen.

Mensch Liebe Kinder, das ist noch gar nichts. Nein, dann solltet ihr erst mal ... ich sage nichts mehr.

Dr. Helm Was heißt das? Haben Sie was Neues entdeckt?

Fräulein Fürst Das möchten wir aber auch wissen.

Mensch Ich habe bereits sehr viel gesagt. Ich sage nichts mehr.

Fräulein Fürst Auch nicht uns beiden?

Dr. Helm Ihr können Sie doch nichts abschlagen. Sehen Sie sie doch an!

Mensch Kommt wieder ... sollen wir sagen, in einem Monat? Dann vielleicht. Wenn ihr so lange darüber schweigen könnt. Kann ich mich darauf verlassen?

Dr. Helm Aber sicher. Nicht wahr, Röslein?

Fräulein Fürst Und was freuen wir uns! Und was sind wir gespannt! Und was sind wir stolz darauf, dass wir unter den ersten sein sollen! Nicht wahr, Hugo?

Dr. Helm Ja, Röslein.

Fräulein Fürst *„Und so tanzen wir um ...* "

... komm doch her, du sturer Kerl, steh nicht so steif herum ...

„ ... um den Holderbusch,
Holderbusch,
Holderbusch,
und so tanzen wir um den Holderbusch.
Denn er ist auf der Heide der Größte.
Und so tun wir sodann,
wenn wir loben einen Mann,
loben einen Mann,
loben einen Mann,
und so tun wir sodann,
wenn wir loben einen Mann.
Denn er ist in Deutschland der Klügste."

Puh, nun geht mir die Puste aus. Komm, Hugo, wir wollen nun schnell wieder gehen. Auf Wiedersehen, Herr Professor!

Dr. Helm Auf Wiedersehen, Herr Professor. **(beide ab)**

Mensch Was für ein Wirbelwind! Man wird ganz taumelig. Ja, so viel Puste habe ich noch nie gehabt!

Dr. Helm **(wieder herein mit Fräulein Fürst)** Entschuldigung, waren wir etwas zu albern?

Fräulein Fürst **(steckt den Ringfinger in den Mund)** Waren wir das?

Mensch Aber meine lieben Kinder!

Fräulein Fürst Wir sind ja doch schon ein wenig wie beschwipst. Eine Morgenluft, so leicht, als ob sie gar nicht da wäre, das steigt einem zu Kopfe. So geht es uns, weil uns sonst nichts beschwert. Aber das kennen Sie wohl nicht, Herr Professor? Sie haben immer so viel zu tun.

Dr. Helm Und so hat sie mich auch auf dem Weg hierhin abgeküsst. Sie sollten es nächstens auch ausprobieren.

Mensch Nein, Gott bewahre, ja, wie bitte, nein!

Fräulein Fürst Schäm dich, Hugo! Du bringst es ja fertig, dass wir beide einen roten Kopf bekommen.

Dr. Helm Das macht dich nicht hässlicher.

Fräulein Fürst Er ist immer so schlimm, mir Komplimente zu machen, wenn andere zuhören, nicht wahr?

Mensch Nein, wirklich?

Fräulein Fürst Nein, so meine ich das nun auch wieder nicht.

Mensch Andererseits, kann man es schwerlich unterlassen, wenn es doch so viel zu loben gibt.

Fräulein Fürst Aber, aber, Herr Professor. Könnten Sie das auch?

Mensch Eigentlich nicht.

Dr. Helm Darf ich Ihnen die Londoner Times zuschicken?

Mensch Was soll ich damit? Das stört mich nur. Schön … es könnte interessant sein, zu sehen, was die aus der Sache gemacht haben. Schicken Sie sie mir ruhig zu. ... Nanu, Fräulein Schmidt! Schon zurück?

Fräulein Schmidt **(tritt auf)** Ja, nun stehe ich Ihnen wieder zur Verfügung. Guten Tag.

Dr. Helm Guten Tag.

Mensch Kennen Sie Fräulein Fürst?

Fräulein Schmidt Ja, wir haben uns schon einmal gesehen … bei irgendeiner Gelegenheit.

Fräulein Fürst Ja, das glaube ich auch.

Dr. Helm Nun, ich werde die Zeitung schicken. Guten Tag! **(beide ab)**

Mensch Nun, ich habe gar nicht damit zu rechnen gewagt, dass Sie bereits hier sind. Konnten Sie wirklich so im Handumdrehen Ihren Onkel begraben?

Fräulein Schmidt Lieber Herr Professor, es war doch seine Goldene Hochzeit. Ja, er ist erst fünfundsiebzig und ein großer, stattlicher Mann. Es wäre seltsam, in dem Zusammenhang an eine Beerdigung zu denken. So lange konnte ich wirklich nicht wegbleiben … bei der Arbeit hier. Sie haben bestimmt einiges in der Woche geschafft, in der ich Sie nicht gestört habe?

Mensch Ehrlich gesagt, es ging am Anfang schleppend. Ich saß da und wühlte unten im Magazin und sagte zu mir selbst, dass es nichts taugt, wenn man uneingeordnete Funde mit nach Hause schleppt. Wenn man keine Gesundheit besitzt, um am Fundort zu bleiben und dort alles zu erforschen, taugt man nicht zum Archäologen.

Fräulein Schmidt Aber! Herr Professor Mensch sollte nicht zum Archäologen taugen?

Mensch Und ich sagte zu mir. Du hast das Geld des Vaterlandes in unverantwortlicher Weise verplempert. Du hättest Dorn reisen lassen. Der ist gesund.

Fräulein Schmidt Aber so ist es doch eben nicht. Schließlich wurde Ihnen das Geld bewilligt. Er hätte es auf keinen Fall bekommen. Aber es tut mir doch leid zu hören, dass Sie tatsächlich ... im Magazin-Keller waren. **(Dabei blitzen ihre Augen.)**

Mensch Ja, ich war im Keller. Hahaha, darauf können Sie sich verlassen, ich war im Keller. Aber dann … dann passierte dort etwas.

Fräulein Schmidt Es passierte etwas?

Mensch Ja, da geschah es, dass … liebes Fräulein Schmidt, sehen Sie, ich … ja, was soll ich nun … ja, so muss das sein!

Fräulein Schmidt Klingeln Sie?

Mensch Ja.

Frau Trahne (tritt auf) Der Herr Professor hat geklingelt?

Mensch Frau Trahne, bringen Sie bitte eine Flasche Champagner, Jahrgang 34, und zwei Gläser.

Frau Trahne Zwei?

Mensch Zwei! Ich mache die Flasche selbst auf. (Frau Trahne ab)

Fräulein Schmidt Champagner?

Mensch Fräulein Schmidt, ich habe einen Fund gemacht. Wo habe ich die Schlüssel denn nun wieder hingelegt? Danke, danke! Ja, ich habe einen Fund gemacht. Und Sie sind der erste Mensch, dem ich ihn zeige. Zweieinhalb tausend Jahr hatte ihn die Erde zugedeckt.

Frau Trahne (herein mit einem Tablett und einem dritten Glas etwas abwartend in der linken Hand) Bitte schön!

Mensch Danke sehr. Sehen Sie, Fräulein Schmidt, nun lassen wir die festliche Traube ihren Ehrensalut abfeuern … was, will der Korken nicht?

Fräulein Schmidt Lassen Sie mich Ihnen helfen. Da kommt er.

Mensch Danke

Frau Trahne Man kann vielleicht gratulieren? (setzt ihr Glas vor sich auf den Tisch)

Mensch Zwei Gläser! (reicht ihr ihres mit dem Fuß nach oben zurück)

Frau Trahne Entschuldigung! (geht schmollend ab)

Mensch Gratulieren? Sie kann doch nichts von dem Fund ahnen. Was meinte sie bloß?

Fräulein Schmidt Ich verstehe überhaupt nichts.

Mensch Sie musste einfach weg! Nur Sie dürfen es sehen. Und der nächste, der einen Blick darauf werfen darf, wird der Führer selbst sein. Bitte, sehen Sie's sich an.

Fräulein Schmidt (mit einem Schrei) Nein, Sie haben ... Sie haben dieses Stück, diese zwei Stücke gefunden, die haargenau zusammen passen!

Mensch Ich hab' sie gefunden!

Fräulein Schmidt Sie haben sie gefunden!

Mensch Und alle früheren Hoffnungen, alle Erwartungen sind bei weitem übertroffen. Bei weitem.

Fräulein Schmidt Es existiert kein Kunstwerk, das ... das ... vielleicht allenfalls die kleine Nike auf dem Parthenonfries.

Mensch Auch nicht die.

Fräulein Schmidt Meinen Glückwunsch, Herr Professor Mensch, meinen Glückwunsch!

Mensch Nicht mir sollen Sie gratulieren. Das ist nicht mein Verdienst.

Fräulein Schmidt Nicht Ihres? Wessen sonst? Erst haben alle Forscher gesagt, Ihr Astaroth wäre bloß eine Falschannahme. Später sagten sie, die Stadt hätte nicht so weit im Osten gelegen. Zuallerletzt behaupteten sie, es wäre von keinem Interesse. Jetzt muss die ganze Welt ...

Mensch Trotzdem bin ich es nicht, dem die Rosen zustehen. Sehen Sie, nach dem Krieg ... ein Mensch kann ohne Nahrung leben, eine Zeit lang auf jeden Fall, doch ohne Ehre kann er nicht leben. Dann beginnt er sofort zu verwesen. So ist es mit dem einzelnen, so ist es mit der Nation. Ehrlos dämmerten wir dahin nach dem Krieg. Da kam er. Ich war einer der ersten, der es merkte: Nun war der Mann gekommen, nun würde es geschehen. Und es geschah. Es wurde wieder eine großartige Sache, Sohn dieses Reiches zu sein. Es gab wieder einen Sinn im Leben. Und ich hörte damit auf, mich selbst aufzugeben, und erhob mich zusammen mit dem Volk und ging mit frischem Mut erneut ans Werk. Deshalb ist es das Vaterland, dem wir danken müssen für die Entdeckung dieses erhebenden

Kunstwerks. Auf das Wohl des Führers! ... Aber ich vergesse ganz, dass Sie hier sind, Fräulein Schmidt. Nun wollen wir den Fund erst einmal richtig betrachten. Sehen Sie ihn sich bitte genau an. Und dann sagen Sie mir, wenn Sie das getan haben, ganz frank und frei: Was ist das, was Sie sehen?

Fräulein Schmidt Ja was ist es, was ich sehe? Ich sehe ein Antlitz, das ein Künstler, ein wirklicher Künstler, ein Genie ... denn er beherrschte alle Maltechniken von der babylonischen bis zur ägyptischen ... aber er hat hier versucht ... er hat damit experimentiert, all sein Wissen beiseite zu legen, alles, was er gelernt hat, und hat dann ganz primitiv, fast wie ein Kind im Spiel ... das mit einem Ast in den Sand ritzt ...

Mensch Sie suchen nach Worten, Sie, die Sie sonst immer so präzise formulieren. Es ist wirklich auch nicht leicht. Das, was Sie sagten, war klug. Es war so richtig, dass es sein könnte, dass es schon wieder durch und durch verkehrt ist. Nun schauen Sie einmal zu mir her. Sehen Sie einmal das hier an! Eine kleine Extrahilfe, ein Fingerzeig.

Fräulein Schmidt Was ist das? Zwei andere kleine Zeichnungen von derselben Hand. Ganz ohne jedes Talent. Ja, das ist doch jemand, der überhaupt nicht malen kann.

Mensch Das ist es, genau das ist es! Ein braver Hobbykünstler. Hier liegt also der äußerst seltene Fall vor, dass es das Modell ist, welches das Bild gemalt hat, und nicht der Maler. Verstehen Sie mich?

Fräulein Schmidt Sie meinen, dass ein völlig primitiver Maler einer Person begegnet ist, die einen solch überwältigenden Eindruck auf ihn machte, dass er an diesem einen Tag in seinem Leben malen konnte?

Mensch Gerade das. Sehen Sie dieses Angesicht. Lassen Sie es uns analysieren. Wir entdecken da Widerspruch auf Widerspruch. Und doch ist es nicht das Gesicht eines Toren. Es ist da etwas, das alle diese Widersprüche in einer kraftvollen Einheit aufgehen lässt, etwas, das ich Leben in höchster Potenz nennen möchte. Sehen Sie die Stirne an, sie ist hoch, stolz, kühn, es liegt über ihr die Ruhe eines Königs … aber jetzt das Haar darüber: Flammen in loderndem Aufruhr. Die Augen: welche befehlende Strenge, die Kraft eines aggressiven

Feldherrn, und dann der Mund: weich, beinahe wie der einer Frau, mit einem so schönen Lächeln, dass man nicht weiß, ob es Schmerz oder Glück ist, was ihm seine Schönheit verleiht..

Fräulein Schmidt (klatscht in die Hände) Gut! Gut! Gut!

Mensch Gut? Das ist mehr als gut, das ist … ach so, dass Sie applaudieren gilt mir? Ja, wirklich, also ein Menschenkenner bin ich nicht, aber mit Bildwerken kenne ich mich aus.

Fräulein Schmidt Aber das ist doch unmöglich, Herr Professor. Vor zweitausendfünfhundert Jahren kann doch eine solche Persönlichkeit nicht gelebt haben, die nun völlig vergessen ist.

Mensch Das kann sie sehr wohl. Bedeutende Menschen beachtet man häufig nicht sehr, sie werden in der Stille begraben.

Fräulein Schmidt Aber er ist ein Mann von Adel, ein König. Die Nase da ... dahinter liegt eine lange Reihe von Ahnen.

Mensch Sehen Sie aber diese Wangen, Backen von einfachen Leuten, von Bauern. Ja, er wird schon gelebt haben. Das ist ja gerade das Erlösende an der Blut- und Bodentheorie des Führers, dass wir Nietzsches Übermenschen bei dem schlichten Volk ringsum im Lande finden können. Das ist ein Angesicht, das heute gut zu einem Bauern in irgendeinem Dorf in Holstein oder Schlesien passen könnte.

Fräulein Schmidt Nein, Herr Professor, nein, das glaube ich überhaupt nicht. Wer könnte das gewesen sein? Das müssen wir herausfinden.

Mensch Das finden wir niemals heraus. Und das ist auch nicht nötig. Der Fund hat eine große Bedeutung in archäologischer Hinsicht und eine alles überragende Bedeutung in äesthetisch-künstlerischer Hinsicht.

Fräulein Schmidt Ich möchte aber weit mehr wissen. Da fehlt ja das Stück unten. Wenn wir das finden könnten! Wenn wir es fänden, es würde uns vielleicht die Lösung geben. Wir sollten sofort damit anfangen, im ganzen Magazin-Keller von A bis Z, alle Kästen bis zum letzten kleinen Stückchen, und wenn da nichts sein sollte, müssten Sie zurück … dann reise ich mit Ihnen nach Astaroth.

Frau Trahne (herein) Herr Professor Dorn fragt, ob es Ihnen passt.

Mensch Was? Wie bitte?

Frau Trahne Herr Dorn ist hier.

Mensch Dorn ist hier? Nun ja. Das bin ich ja leider auch.

Fräulein Schmidt Ich kann ihn empfangen, Herr Professor. Gehen Sie nur hinunter an Ihre Arbeit im Keller.

Mensch Vielen Dank. Wenn es nötig ist, können Sie mich holen. Ich möchte jetzt ungern aus meinem Zusammenhang gerissen werden.

Frau Trahne Welchen Bescheid soll ich denn nun Ihrem Kollegen geben, Herr Professor?

Mensch Das haben Sie doch gehört. Ich bin unten. (geht in den Keller)

Frau Trahne (nimmt das Tablett) Ich will diese Sachen mitnehmen. Die könnten sonst noch was erzählen. (ab)

Dorn (herein) Nein, welche Überraschung! Schon wieder zurück?

Fräulein Schmidt Und Sie haben Ihre Gattin verloren, habe ich gehört. Das tut mir leid.

Dorn Mir auch, wahrhaftig mir auch. Eine vortreffliche Lebensgefährtin war meine Frau. Sie gebar fünf Buben ohne irgendeinen Mucks. Ja, sie verstarb vorgestern. Sie liegt stattlich da in ihrem Sarg. Ein schöner Anblick. Sie sollten kommen und sie ansehen.

Fräulein Schmidt Wie konnte Ihre Gattin so plötzlich fortgehen?

Dorn Eine Herzklappe, sagt der Arzt. Das Herz war in Ordnung. Meine Frau war gesund wie irgendwer sonst. Eine Wikingernatur. Aber da war leider eine Herzklappe. Sonst fehlte ihr nichts. Aber es lief in der Tat alles verkehrt. ich kann es nicht genauer beschreiben, es ist nicht mein Gebiet. Meine Frau starb jedenfalls. ... Fräulein Schmidt, es gehen Gerüchte um, als Sie zu Ihrer Familie gereist waren, auch Professor Mensch würde nachkommen. Quatsch, habe ich gesagt. Fräulein Schmidt heiratet nicht. Und täte sie es, dann mit einem richtigen Teutonen.

Fräulein Schmidt Was wäre er denn für einer?

Dorn Sie geben mir recht? Hingehen und ... Professor Mensch heiraten? Nein, Sie nicht! Zu feminin … ist es falsch , das zu sagen, wenn es wahr ist? Kein richtiger Mann … es pfeift aus seiner Lunge. Haben Sie einmal darauf geachtet, wie er geht? Kis, kis, kis. Die Erde muss dröhnen, wenn ein deutscher Mann darüber schreitet.

Fräulein Schmidt Ihre Füße sagten wirklich auch „kiskiskis" an dem Abend, als Sie in der Vorhalle der Universität versuchten, mich zu küssen.

Dorn Den Abend, als ich ... was sagen Sie? Ich habe niemals versucht ... niemals, an dem Abend, sagen Sie ... was für ein Abend? Hören Sie doch nur damit auf. Sie wollten doch gerne selbst ... ... Vergessen wir das. ... Aber sehen Sie doch auch andrerseits, Fräulein Schmidt. Ich habe gerade meine Studien über die Vermischung der Bevölkerung in Galiläa zur Zeit Christi abgeschlossen. Ich weiß, dass meine Untersuchungen mit allerhöchstem Interesse von allerhöchster Stelle verfolgt werden. Die Kirche aber murrt und murrt. Sie brauchen eine starke, aber christliche Hand. Meine persönliche deutsche Frömmigkeit wagt aber keiner in Zweifel zu ziehen. Kurz und gut: Ich rechne mit meiner bevorstehenden Ernennung als Reichskultusminister und werde ja in dieser Eigenschaft nun eine gesunde, wohlgestaltete deutsche Ehefrau an meiner Seite brauchen.

Fräulein Schmidt Sollten wir nicht erst zusehen, Ihre, wenn ich so sagen darf, erste Gattin zu begraben?

Dorn Das finde ich vernünftig. Meine Eile entspringt dem gleichen Wunsch wie damals, als Sie mich warnten, eine Dummheit zu begehen.

Fräulein Schmidt Glauben Sie denn auch, dass ich Ihren Ansprüchen genügen würde nach einer so ausgeprägten nordischen Inkarnation, wie Ihre Gattin es war?

Dorn Ob Sie was können? ... Liebes, liebes Fräulein Schmidt! Aber natürlich füllen Sie ja nicht aus, was meine Frau darstellte. Lassen Sie es mich so sagen, was dieses Nordische in seiner Fülle bei meiner Frau war, das findet sich bei Ihnen in konzentrierter Form.

Fräulein Schmidt Ja, meinen Sie? Ja danke, Herr Professor, so etwas … nun kommt, glaube ich, Professor Mensch.

Dorn Ach ja.

Mensch (herein) Ich dachte, es dauerte lange. Was ich sagen wollte … ach Sie sind hier, Herr Dorn! Guten Tag. Ist da was? Sie sehen so echauffiert aus?

Dorn Nein, da ist nichts. Ich war hier nur und wir plauderten ein wenig miteinander. Sie haben es hier oben so gemütlich, Herr Kollege. Sie haben sich hier so geschmackvoll eingerichtet. Man kann hier so richtig eine „kleine güldene Stunde“ erleben. Warum fällt mir gerade dieser Satz ein?

Fräulein Schmidt (kichert bei sich) Kennen Sie das?

Dorn Was denn? Was ist das denn?

Fräulein Schmidt Es stammt von Sara Levi.

Dorn Sara Levi … pfui Teufel!

Mensch Wer ist denn Sara Levi?

Dorn Das wissen Sie doch gut. Das war die Chansonsängerin, die Judenschickse, zu der alle Berliner hin rannten.

Fräulein Schmidt Sie kennen ihre Chansons? Rannten Sie auch zu ihr hin?

Dorn Ich … ich habe sie nur ein einziges Mal gehört. Es war grässlich.

Fräulein Schmidt Ich allerdings niemals. Aber mein Bruder ging häufig hin und sang die Songs mit. Ist es der hier:
„So richtig eine güldne Stund' - Mund an Mund .... ?“

Dorn Fing der Schlager nicht an mit so etwas wie einem kleinen Mädchen?

Fräulein Schmidt (singt)

„Ich bin ein kleines Mädchen
und du bist ein Mann.
Man braucht nichts mehr zu sagen,
alles fängt so an.
Küsst du mich so heiß,
springen Rosenknospen auf.
Küss mich nur, küss mich nur,
küsse meinen roten Mund.“

Dorn (hat begonnen, leise mit zu summen)

Fräulein Schmidt Nein, diese Strophe war es nicht, sondern die nächste:

„Die armen Sterne frieren
in Nachthimmels Arm.
Ich kleines Mädchen liege aber warm.
Ach, eine kleine güldne Stund,
Brust an Brust und Mund an Mund.
Küss mich nur, küss mich nur,
küsse meinen roten Mund."

Dorn Ja, sie war großartig, sie war mein Schwarm ... das heißt: das war ja diese typische jüdische Geilheit! Sie verschwand ins Londoner Ghetto, als sich Deutschland gegen die Juden wandte. Da ist sie vor Hunger krepiert, völlig zu Recht. Wie vielen jungen arischen Menschen hat sie nicht Schweinereien in den Leib hineingesungen. ... Aber sieh mal an, Sie haben aber eine gute Stimme, Fräulein Schmidt!

Mensch Ja, das muss ich wirklich auch sagen. Ich habe Sie niemals zuvor singen hören.

Fräulein Schmidt Ich habe doch wirklich keine Stimme, und auch kein musikalisches Gehör.

Dorn Ja, meinen Sie?

Fräulein Schmidt Nein, nein, ich singe ja total falsch. Das haben Sie ja beide gehört. Ich weiß wirklich nicht, was da mit mir durchging. Sie möchten etwas mit Professor Mensch besprechen? Dann verschwinde ich so lange. Auf Wiedersehen. **(hinunter)**

Dorn Auf Wiedersehen, meine Gnädigste, auf Wiedersehen! ... Ja, es gibt wieder eine neue Affäre mit dem Judenpack. So oft wir ihnen auch in's Kreuz treten, erheben sie doch wieder das Haupt, und wenn wir uns umdrehen, zeigen sie uns die Zunge. Jetzt ist es der Bibliotheksdirektor.

Mensch Was ist denn nun mit ihm los? Dieser prächtige junge Mann?

Dorn Prächtig! Haha! Mein gesunder Rasse-Instinkt sagte mir von Anfang an, dass da etwas verdächtig war an dem Vogel. Alle Gutachten waren in Ordnung, als wir ihn anstellten. Nun will er heiraten, und da gibt es Schwierigkeiten mit dem Ariernachweis. Päng!

Mensch Mit dem Ariernachweis?

Dorn Das Schwein ist selbstverständlich Jude. Selbst weiß er noch nichts anderes, als dass er unterwegs ist. Aber ich habe unter der Hand einen Wink vom Ministerium bekommen. Nun meine ich, wir halten heute Nachmittag Senatssitzung und entlassen ihn einfach. Später kommt die Frage nach der Strafverfolgung. Das bedeutet natürlich Zuchthaus.

Mensch Wofür denn?

Dorn Er wird ja Fälschungen betrieben haben mit den Ariernachweis, als wir ihn angestellt haben.

Mensch Er ist arm, Herr Dorn. Frau Trahne meint, er schickt jeden Monat Geld an seine alte Mutter in, in Schlesien, glaube ich.

Dorn Nehmen Sie einen Juden in Schutz?

Mensch Nein, nein, Gott bewahre! Ich kann Juden nicht ausstehen. Da gab es einen, der stahl die Grundgedanken meiner Dissertation und machte seinen Doktor damit, und ich musste eine neue schreiben. Es ist eine ekelhafte Rasse. Das sagt der Führer ja auch. Aber in diesem Fall … wir wissen doch noch nicht genau, warum dieser Nachweis nicht kommt. Ich meine, einem Arier wollen wir doch kein Unrecht tun. Oder?

Dorn Ich wurde vom Ministerium informiert und habe Sie hiermit für die Sitzung um vier Uhr eingeladen.

Mensch Ach, muss ich nun wieder dahin kommen und meine kostbare Zeit vertun. Kann ich Ihnen nicht eine Vollmacht mitgeben, damit Sie für mich stimmen?

Dorn Ich wüsste nicht, was dem im Wege stünde.

Mensch Das ist sehr gut. **(schreibt)** Und seine arme, kleine, reizende Verlobte?

Dorn Sie wird sich glücklich preisen, dass wir das Lamm aus dem Rachen des Löwen gerettet haben. Glück ist es auch in anderer Hinsicht. Wenn man Pferd und Esel paart, ergibt das ein Maultier, und Maultiere sind unfruchtbar. Die Rassen-Schande soll sich nicht fortsetzen. Warum hat die Natur nicht die gleiche Umsicht im Fall der Paarung Arier-Jude bewiesen? Um so schärfer müssen wir Gericht halten.

Mensch Dann tun Sie's.

Dorn Danke, Herr Kollege. So bringe ich die Paragraphen in Ordnung. **(ab)**

Mensch Danke. Leben Sie wohl. Hm, hm, hm! Ja! … Fräulein Schmidt! Fräulein Schmidt! Hören Sie nicht?

Läuft ein wenig umher, öffnet ohne es zu wissen das eine Fenster.

Fräulein Schmidt (ruft aus dem Keller) Herr Professor, Herr Mensch! Herr Mensch!

Mensch Was ist mit Ihnen? Sind Sie krank? Warum schreien Sie so?

Fräulein Schmidt (kommt hoch) Sehen Sie doch, ich habe es gefunden, ich habe das gefunden, ach, Gott im Himmel, ich habe ... Und das ist ... Da steht etwas darauf, da steht, wer das ist. ... Sehen Sie doch selbst, sehen Sie!

Mensch Haben Sie das gefunden? Ja, das ist richtig. Das ist das Stück, welches genau passt.

Fräulein Schmidt Aber sehen Sie doch die Buchstaben. Die kleinen, ungeschickten, unbeholfenen, so leicht zu deuten. Was ist ein 'Erexor'? Ein ungebräuchliches Wort, aber was mag es bedeuten? Aufwecker? Volkserwecker? Lesen Sie es doch nun.

Mensch Alesso schuf dieses Bildnis unter, unter ... ?

Fräulein Schmidt Alesso schuf dieses Bildnis unter Tiberius von einem Erwecker in der Stadt Nain.

Mensch Was bedeutet das nun: Unter Tiberius?

Fräulein Schmidt Ja, aber! Begreifen Sie denn nicht, was das ist, was Sie gefunden haben? Dass dieses ein Bildnis dessen ist ... Und an den hat man allezeit geglaubt, von dem man kein Abbild fand. Und jetzt ... ! Ja, Mann, warum springen Sie denn nicht in die Luft?

Mensch Wenn das stimmt, hätte ich mich also um fünfhundert Jahre vertan.

Fräulein Schmidt Wieso denn? Herrgott! Wir hatten gemeint, es gäbe nur drei Schichten der Fundstelle, aber es gab noch eine vierte. Und ein solches Bild, primitiv gemacht, unabhängig von Regeln und Moden ...

Mensch Ich glaube, Sie haben Recht. Das ist von ihm. Was für eine Blamage! Ich, der ich als einer der größten Archäologen der Gegenwart gelte, mit einer lebenslangen wissenschaftlichen Erfahrung, kann um fünfhundert Jahre daneben hauen!

Fräulein Schmidt Herr Mensch, pfeifen Sie doch auf die Jahre. Begreifen Sie denn nicht? Das ist ein Einschnitt in der Geschichte, das ist, als ob Sie ein fünftes Evangelium gefunden hätten! Aber nein, mehr noch, Sie haben das Urevangelium gefunden! Sie können aller Welt zeigen: So hat er ausgesehen!

Mensch Was kümmert mich das, wie er ausgesehen hat. Er hat mich nie interessiert. Ich kann nicht sehen, dass der ästhetische Wert des Bildes dadurch gestiegen ist, dass wir nun wissen, wen es vorstellt.

Fräulein Schmidt Sie interessiert? Er hat auch mich nicht interessiert. Aber er interessiert doch Millionen. Wie soll ich es Ihnen begreiflich machen? Wo ist der Champagner? Also auf das da! Ich trinke auf Ihren einzigartigen Erfolg!

Mensch Nein, so hören Sie doch, Fräulein Schmidt. Das ist ja eine Komödie. Sie sind ja ganz aus dem Häuschen.

Fräulein Schmidt Dann lassen Sie das nur eine Komödie sein und lassen Sie mich ganz aus dem Häuschen sein und lassen Sie dieses die große Idee der Komödie sein, dass wir Menschen Erlaubnis erhalten können, wenigstens einmal aus unserem engen Selbst herauszutreten. Wie kann ich Sie nur so jubelnd fröhlich machen, wie ich selbst bin? Sehen Sie denn nicht, es ist Deutschland, das wieder eine Tat vollbracht hat und den Völkern den Weg weist? Ich möchte Ihnen erzählen: in Berlin gehen Gerüchte um, dass der Führer den diesjährigen deutschen Nobelpreis Ihnen verleihen will. Nun weiß ich, dass Gerüchte Wahrheit werden.

Mensch Der Führer? Den Deutschlandpreis? Für mich? Der Führer selbst? Glauben Sie, dass das so viel wert sein könnte? Ich pflege nicht, mir Auszeichnungen zu Kopf steigen zu lassen, aber dieses - das würde mir eine große, reiche Freude bedeuten. Dann werde ich da auch ... es waren Sie doch, die das letzte Stück gefunden hat, es waren Sie, welche die Dinge richtig stellten. Wenn der Führer wirklich ... das bedeutet eine große Ehre, aber das bedeutet auch viel Geld. Ich bin nicht reich, aber Sie ... ja, Frau Trahne erzählte mir, dass Sie immer so einfach gekleidet gehen, ich selbst achte ja nicht darauf. Aber wenn ich den Preis bekomme, den Deutschlandpreis, dann hätte ich gern **(ergreift ihre beiden Hände)** die Erlaubnis, ihn mit Ihnen zu teilen.

II

Mensch (diktiert) Es erwies sich, dass da eine bisher unbeachtete vierte Schicht vorhanden war, die oberste, die man abgetragen hatte in dem Glauben, es wäre nur eine Erhebung im Terrain. Inzwischen war aus dieser Schicht ... Ja, Fräulein Schmidt, es kann kein Zweifel mehr bestehen, dass wir einem Fund aus der Zeit des Tiberius gegenüberstehen.

Fräulein Schmidt Das ist ein Riesenerfolg, Herr Professor.

Mensch Das ist wieder ein Sieg des deutschen Geistes und der deutschen Ausdauer. Ich brenne darauf, es meinem Land zeigen. Ich glaube, ich schreibe dem Führer noch heute Abend. Ich bin ja nun ganz sicher.

Fräulein Schmidt Nun, sollen wir wieder weitermachen?

Mensch Sie massieren sich die Finger. Und in meinem Gehirn wirbelt es herum. Ob wir es nicht für heute gut sein lassen sollen?

Fräulein Schmidt Nicht meinetwegen. Wenn ich die Finger ein paar mal gerieben und die Beine einmal gestreckt habe ... Da geht Professor Dorn vorbei.

Mensch Er muss zu einer Senatssitzung.

Fräulein Schmidt Müssen Sie das nicht auch?

Mensch Wissen Sie, was ich muss? Ich muss eine kleine Feierabendtour in's Grüne machen zusammen mit einer gewissen Assistentin und Privatdozentin. Ich lade Sie zu einer Autofahrt ein, Fräulein Schmidt.

Fräulein Schmidt Das wäre ein schöner Schluss für den ersten Akt.

Mensch Dann können wir da sitzen und stille schweigen und uns einander anregen, über das Bild nachzudenken. Ich bin eigentlich sehr froh über Sie, Fräulein Schmidt.

Fräulein Schmidt Sind Sie das?

Mensch Ich habe immer gedacht, Frauen seien etwas Sonderbares und auch ein wenig Beschwerliches. Derer soll man sich annehmen und sie wie Kinder behandeln und Blumen für sie dabei haben und Süßigkeiten und ein Gedicht und hehehe und killekillekille

… uha. Mit Ihnen kann man aber sprechen wie mit einem Mann. Ich sage Ihnen Dank, dass Sie mich gelehrt haben, dass die Frau auch ein Mann sein kann.

Fräulein Schmidt Ja, das können wir wirklich. Aber vergessen Sie nicht, dass wir dabei gleichzeitig fortfahren, Frauen zu sein. Da können wir etwas, was Männer nicht können.

Mensch Ja, vielleicht. Ich habe darüber noch gar nicht nachgedacht. Vielleicht wäre es von Interesse, diese Frage einmal bei Gelegenheit zu untersuchen. So, nun will ich nach dem Auto klingeln und einen Mantel und einen dicken Schal dazu anziehen, ziehen auch Sie sich schön warm an, und dann wollen wir zwei ausfahren und erleben:

„Über allen Gipfeln ist Ruh',
in allen Wipfeln spürest du
kaum einen Hauch,
die Vögelein schweigen im Walde.
Warte nur balde ruhest du auch."[1]

Ja, das tut man ja ... wenn man den Tag richtig verbracht hat. ... Hören Sie, was passiert da mit mir? Ich stehe da und sage Verse auf! Noch dazu von dem, der ... Ich habe mich in den letzten dreißig Jahren von Goethe ferngehalten. Seine Farbenlehre ist etwas vom Dilettantischsten! Nun, jetzt aber in den Mantel. Schnell **(ab)**

Fräulein Schmidt räumt auf und summt:

„Ach, eine kleine güldne Stund,
Brust an Brust und Mund an Mund. ... "

Sie summt lauter, macht ein paar Tanzschritte, breitet die Arme aus:

„Küss mich nur, küss mich nur,
küsse meinen roten Mund."

Frau Trahne steht da und sperrt Mund und Nase auf. Fräulein Schmidt entdeckt sie mit einem kleinen Schrei, dreht ihr den Rücken zu und räumt eilig auf.

---

1 Im dänischen Original deutsch. PGSch

Frau Trahne Da ist der Universitätsbibliotheksdirektor, der Sie sprechen möchte.

Fräulein Schmidt Mich?

Frau Trahne Ich kann ihn vielleicht hereinbitten, wenn das gnädige Fräulein seine Füße stillhält.

Fräulein Schmidt Ja, bitten Sie ihn herein. Danke.

Frau Trahne geht mit einem beziehungsvollen Blick hinaus.

Dr. Helm (herein) Sara, Sara, du musst mir helfen.

Fräulein Schmidt Still, ruhig! Bist du verrückt geworden? Wollen Sie wohl still schweigen! Ich heiße nicht Sara, ich heiße Annie. Ich werde nicht mit „Du“, sondern mit „Sie“ angeredet. Das wissen Sie doch. Was fällt Ihnen eigentlich ein?

Dr. Helm Sara, sie sind mir auf den Fersen. Gott im Himmel, was mache ich jetzt nur? Der alte Pfarrer daheim, der uns getauft hat, ist gestorben. Das wusste ich nicht, als ich nachhause schrieb um einen Ariernachweis „wie beim letzten Mal“. Das war leichtsinnig, das sehe ich nun, ich hätte selbst hinfahren sollen. Aber ach, ich war ja so sicher hier, ich hatte ganz vergessen, dass ich nicht wie die anderen bin, weil - das bin ich doch auch, ich bin ja wie alle anderen.

Fräulein Schmidt Was geht es mich an, Herr Direktor, wo Sie Ihre Bescheinigungen her bekommen. Ich kenne Sie nicht und ich habe nichts mit Ihnen zu tun.

Dr. Helm Sara, du bist doch meine Schwester!

Fräulein Schmidt Ich bin nicht Ihre Schwester. Dazu haben Sie mir ein für alle Mal Ihren Eid gegeben, dass ich es nicht mehr bin. Unter dieser ausdrücklichen Bedingung habe ich Ihnen hier einen Zugang verschafft. Wie kann Ihnen dieses nun einfallen?

Dr. Helm Sara, du musst mir helfen, du musst es tun. Was soll denn aus Mutter werden, war soll aus unseren Nichten und Neffen bei ihr werden, denen ich dann nichts mehr schicken kann. Du kannst das nicht alleine schaffen. Ach nein, Lüge! Ich bitte nicht um ihretwillen.

So wäre es vor einem halben Jahr gewesen, aber jetzt ... Sara, ich wusste nicht, was das bedeutet zu lieben. Die paar Mädchen, mit denen ich zuvor zu tun hatte, das hatte nichts zu bedeuten. Meistens war es etwas, auf das ich mich einließ, weil ich prüfen wollte, was das war, wovon so großartig in den Büchern geschrieben wurde. Aber da war ja nichts an dem, so schien es mir, was die Dichter daraus machten. Nun weiß ich aber, dass alle glühende Worte der alten Perser, der Araber, selbst das Hohelied der Bibel hilflos und dürftig stammeln.

Fräulein Schmidt Der Herr Professor kann jeden Augenblick kommen. Was ist Ihr Anliegen hier?

Dr. Helm Ich kann sie nicht aufgeben, hörst du. Ich habe immer gedacht, wenn sie mich eines Tages entdecken und hinter mir her sind, dann springe ich einfach irgendwo herunter und halte sie so zum Narren. Aber nun vertraue ich nicht länger auf diesen Ausweg. Das Wort 'ewig' hat in meinen Ohren nie einen Sinn ergeben, aber meine Liebe zu Röslein ist dieses Wort, Sara, und das zieht mich hinein in die Ewigkeit. Das hat etwas so Großes in mir angerichtet, dass ich nicht dagegen ankann. Selbst wenn ich mir das Leben nähme, hieße das nur, an einen anderen Ort zu ziehen, wo ich sie entbehren müsste. Aber das kann ich nicht, ich kann nicht leben ohne sie, und ich kann nicht ohne sie sterben.

Fräulein Schmidt Das gibt so vieles, was wir nicht können und dennoch möchten. Manchmal ...

Dr. Helm Kleine Schwester Sara, liebe, süße, gute, große Schwester Sara, es wird heute eine Senatssitzung abgehalten. Das gefällt mir nicht, das muss etwas mit mir zu tun haben, denn ich traf einen der Professoren auf der Straße. Er sah mich so merkwürdig an. Sara, du musst das hinkriegen, dass dein Professor sein ganze Autorität dafür einsetzt, damit die Angelegenheit vorläufig ruht, bis ich mir auf die eine oder andere verzweifelte Weise den Ariernachweis beschafft habe.

Fräulein Schmidt Das kann ich nicht, Hugo. Du darfst mich nicht um so etwas bitten. Ich kann dir hier nicht helfen.

Dr. Helm Du musst, hörst du, du musst. Du kannst mich nicht hinausschicken in die Verzweiflung.

Fräulein Schmidt In die Verzweiflung haben Tausende und Abertausende unserer Landsleute in diesem Jahrhundert gehen müssen. So können wir es auch, wenn unser Tag kommt.

Dr. Helm Was sind das für Landsleute, von denen du sprichst? Ich bin Deutscher.

Fräulein Schmidt Ja, das sind wir. Wir sind Deutsche. Aber wenn wir nicht mehr länger das Recht haben, es zu sein, so ist es gut, wenn es eine andere Nation gibt, in der wir Heimatrecht bekommen. Und das ist die jüdische. Und weißt du, wer die jüdische Nation ist? Ich habe es von Jeremias gelernt … ja, ich habe angefangen die Propheten zu lesen … es sind die Leidenden. Alle unverschuldet Leidenden dieser Erde und alle selbstverschuldet Leidenden auf dieser Erde … wir alle gehören zu Jehovas Volk.

Dr. Helm Sara, ich bin nicht gekommen, um eine Predigt von dir anzuhören, ich bin gekommen, um dich zu zwingen, mir zu helfen. Verstehst du das denn nicht, dass ich das Mädchen so sehr liebe, dass …

Fräulein Schmidt Verstehst du denn nicht, was das ist, worum du mich bittest? Vielleicht könnte ich Professor Mensch dazu veranlassen, sich deiner Angelegenheit anzunehmen. Ich bin mir dessen nicht sicher, aber vielleicht. Das einzige, das wir erreichen werden, würde sein, dass man entsetzt sein würde und sich von ihm zurückzöge und ihn in Zukunft meiden würde. Er ist ein glänzender Forscher, er ist ein feiner und nobler Mann, aber … robust ist er nicht. Er kann Verdächtigungen und Isolation nicht ertragen. Weshalb sollte ich diesem Mann unglücklich machen, dem ich doch inzwischen alles verdanke, diesem Mann, den ich verehre … jetzt, wo du kommst und von Liebe sprichst … vielleicht mehr als nur verehre. Weshalb sollte ich ihn unglücklich machen, ohne irgendeinen Nutzen für einen anderen. Ich kann ihn nicht in die Sache hineinziehen. Du musst jetzt gehen. Er kommt.

Dr. Helm Du kannst mich nicht im Stich lassen. Ich zähle auf dich.

Fräulein Schmidt Ich kann dir nicht helfen. Sei stark. Gehe jetzt, geh!

Dr. Helm Sara! Sara! **(ab)**

Fräulein Schmidt Ja, da sind Sie ja schon im Mantel

Mensch Klar, ich bin im Mantel. Haben Sie was bemerkt?

Fräulein Schmidt Ob ich was bemerkt habe?

Mensch Ja, und? Ich rauche doch!

Fräulein Schmidt Tatsächlich, das tun sie!

Mensch Ich fand die Zigarre im Waschtisch. Die muss da wohl zehn Jahre gelegen haben, dessen bin ich sicher. Sie ist feucht. Sie will nicht ziehen. Aber sie muss. Kommst du mir mit Wasser, komme ich dir mit Feuer! Nun … war hier jemand?

Fräulein Schmidt Es war nur der Bibliotheksdirektor ... nur ein paar Bücher von der letzten Ausgrabung in Babylon. um die ich ihn gebeten hatte.

Mensch So, war er es? Wie war seine Stimmung?

Fräulein Schmidt Stimmung?

Mensch Ja, ich meine ... dieser arme Kerl! Nein, das darf man nicht sagen, aber man darf sagen: dieser Lümmel.

Fräulein Schmidt Lümmel? Der Direktor?

Mensch Pfui, der Tabak ist Mist. Weg damit! Ja, er hat ... was macht das, wenn ich es Ihnen erzähle? ... Er hat seinen Ariernachweis gefälscht. Nun wird er auf die Straße gesetzt und dazu noch bestraft. Möchten Sie eine Praline?

Fräulein Schmidt Gefälscht? Das kann nicht stimmen.

Mensch Man sollte es nicht glauben. Es kommt auch für mich in höchstem Grad überraschend. Nun ist das Auto da.

Fräulein Schmidt Ja aber sollten Sie deswegen nicht in die Senatssitzung?

Mensch Nein, Gott sei Dank. Ich habe Professor Dorn eine Vollmacht gegeben, in meinem Namen abzustimmen. Wo habe ich nur meinen Hut hingelegt?

Fräulein Schmidt Professor Dorn? Ja aber Sie können doch nicht einen anderen an Ihrer Stelle abstimmen lassen. Das ist doch eine Gewissenssache.

Mensch Das ist eine Sache, die sich von selbst erledigt. Wenn er betrügerisch gehandelt hat, geht es automatisch seinen gesetzlichen Gang. Setzen Sie sich jetzt hin?

Fräulein Schmidt Aber wenn er nun nicht geschwindelt hat? Wenn das ein Irrtum ist? Oder wenn es eine Intrige ist?

Mensch Dann leben wir glücklicherweise in einem Land mit einer Rechtsordnung. Es wird genau untersucht und ihm wird seine vollständige Genugtuung zuteil werden.

Fräulein Schmidt Aber was kann da nicht inzwischen geschehen. Denken Sie an seine Verlobte. Es ist ein Verdacht auf ihn geworfen worden, der ihn eine Zeit lang in den Augen des Volkes zu einem Aussätzigen macht. Ach, Sie ahnen ja gar nicht, was Juden zur Zeit in diesem Land mitmachen.

Mensch Erzählen Sie mir nichts von Juden. Ich kann diese Menschen nicht ausstehen. Es gab einen, der hat eine Idee von mir gestohlen, so dass ich eine ganz neue Dissertation schreiben musste. Und seitdem erinnern mich alle Juden immer daran. Sie sind sowohl frech als auch feige. Das sagt auch der Führer. … Lassen Sie uns nun losfahren. Wo ist der Hut?

Fräulein Schmidt Nein, wir sollen nicht zusehen, dass wir losfahren.

Mensch Was steht dem entgegen?

Fräulein Schmidt Ich denke an Fräulein Fürst. An sie, die davon nichts ahnt.

Mensch Tja!

Fräulein Schmidt Ich weiß nicht ... finden Sie nicht auch ... um ihretwillen? Wenn eine Frau einen Mann liebt und er die Ehre verliert, wird er dann unwürdig in ihren Augen? Sie sprachen selbst am Vormittag über Ehre. Ich denke fast, wenn Sie nichts in dieser Sache unternehmen, bekommt Ihre Ehre einen Knacks.

Mensch Nun befürchte ich, dass ich Sie nicht mehr verstehe. Es kommt mir so vor, als ob Sie mich zu etwas Bestimmten bewegen möchten. Was geht diese Angelegenheit Sie und mich an. Wir haben unsere Tonscherben, nicht wahr? Das bedeutet, wir sollen für die ewigen Dinge leben. Ich weiß, was meine Berufung ist. Ich versündigte mich, wenn ich mich davon weg in alle möglichen Tagesgeschäfte hineinziehen ließe. Vielleicht sollten wir damit dieses Problem als ausdiskutiert betrachten.

Fräulein Schmidt Ich bitte Sie sehr um Entschuldigung. Es geschah eigentlich ganz gegen meinen Willen. Ich wusste ja, dass nur das dabei herauskommen konnte, was dabei herausgekommen ist. Dennoch, es täte mir leid, wenn ich Recht behielte. ... Aber nein, entschuldigen Sie. Ich pflege keine Szene zu machen. ... So, Schluss damit! Ich bin bereit, loszufahren.

Mensch Das wussten Sie im Voraus? Dann war sie also geplant, diese Intervention? Das stimmt doch, oder? Viel verstehe ich mich ja nicht auf Menschen, aber so blind wie ein Maulwurf bin ich doch noch nicht. Ausschließlich über babylonische Ausgrabungen haben Sie kaum mit dem Herrn gesprochen, der eben hier war.

Fräulein Schmidt Ich schlage vor, dass wir ...

Mensch Ich möchte Sie bitten, den Chauffeur abzubestellen. Ich danke Ihnen für das, was wir zusammen heute früh geschafft haben. Für heute benötige ich Ihre Dienste nicht mehr. Auf Wiedersehen bis morgen!

Fräulein Schmidt Auf Wiedersehen! **(langsam ab)**

Mensch Wie ärgerlich! Wie ärgerlich! Außerdem zieht es. Und da ist keine Stelle, von wo aus es ziehen kann. Gut, dass man seine Scherben hat. Die sind besser als Menschen. Ja, die Arbeit! Und du, mein liebes Bild! Mein liebes, kostbares Bild!

Er betrachtet es mit intensiver Forscherfreude, wird unruhig.

Merkwürdig! Ein ganz neuer Ausdruck! Etwas Drohendes, oder? Unsinn, das ist der Tag, der sich neigt, das ist die veränderte Beleuchtung. ... So zornige Augen! So zornige, drohende Augen! Ich will es nun wieder wegpacken. Und dann dem Führer schreiben. Je früher das in seine Hände gelangt, desto besser. Ah, was wird das für ein Tag werden!

III

Mensch (**betrachtet seine Zunge im Spiegel**) Ah! A-a-ah! - Herein! Guten Morgen, Fräulein Schmidt. Es hat sich heute ein wenig hinausgezogen. Ich habe beinahe schon angefangen, mir Sorge zu machen, Sie hätten den kleinen Zwischenfall ernstgenommen. Seien Sie so gut und legen Sie ab. … Ich weiß nicht, was da mit mir los war. Ich möchte Sie gerne um Entschuldigung bitten, wenn Sie meinen, ich hätte mich im Ton vergriffen.

Fräulein Schmidt Oh nein, gewiss nicht. Es waren ... nur etwas Kopfschmerzen. Ich habe nicht so gut geschlafen heute Nacht.

Mensch Stellen Sie sich vor, das habe ich auch nicht. Das Bildnis! Es ging mir nicht aus dem Sinn. Und als ich endlich in Schlaf fiel, träumte ich, ich sei Pilatus. Können Sie sich so einen Quatsch vorstellen? Hat das Bildnis auch Sie wachgehalten.

Fräulein Schmidt Ich weiß nicht ... ja vielleicht ein wenig. Aber es gab ja auch noch manches andere. Aber wir sollten wohl langsam anfangen?

Mensch Das sollten wir, ja. Sie haben wohl noch nichts gehört, ob, ob ... ich meine, erinnern Sie sich nicht, wie weit wir gekommen sind ... ja nun habe ich es: Also: diese oberste Schicht, die nach einer neueren Untersuchung gehört zu ... die sich zeitlich nicht zurechnen lässt zu ... Wissen Sie was, Fräulein Schmidt, ich fürchte, ich bekomme wieder meine Bronchitis.

Fräulein Schmidt Möglich. Ich glaube auch, Sie sehen nicht ganz gesund aus. Da müssen wir aber beizeiten gut aufpassen. Ich koche sogleich Kamillentee.

Mensch Es tut im Hals weh. Und die Zunge ist schwach weiß belegt, eigentlich leicht pelzig, weiß-pelzig, kann man sagen.

Fräulein Schmidt Sie sollten auch Ihre Wollweste anziehen.

Mensch Ich habe den ganzen Morgen schon danach gesucht..

Fräulein Schmidt Sie hängt doch hier. Lassen Sie mich Ihnen hineinhelfen. So. Die wird bis oben hin zugeknöpft. Jetzt fängt das Wasser auch schon an zu summen. Kamillen haben wir hier in der Schublade noch von voriger Woche. Aber da haben wir vergessen, die zu besprechen.

Mensch Gehört das dazu?

Fräulein Schmidt Das können Sie glauben. Das gibt ihnen erst ihre Heilkraft:

„Wir bitten euch, Kamillen,
unsern Schnupfen zu stillen.
Otscho und Hatschi,
kommt nicht mehr zurück!
Ex, Lex, Ax, Pax
alle Lebetage!“

Mensch Nein, jetzt kann es nicht mehr schief gehen!

Fräulein Schmidt So jetzt hinunter damit, kochend heiß!

Mensch Au! Au! Aber so muss es auch sein. Frau Trahne bringt ihn immer nur lauwarm . Jetzt will ich bloß noch Dr. Hülfe anrufen, ich brauche noch ein Schlafmittel für die Nacht. Das führt zu nichts, wach zu liegen und an nichts zu denken. … Ah, jetzt fühle ich mich auch schon viel besser.

Fräulein Schmidt Da können Sie sehen!

Mensch Nun bin ich in Form, was anzupacken. Vielen Dank. Gestern Abend habe ich noch einen Brief an den Führer abgeschickt.

Fräulein Schmidt Es war richtig von Ihnen, das sofort mit Ernst zu machen.

Mensch Jetzt wollen wir sehen nach ... Sind Sie es, Dorn?

Dorn (herein) Haben Sie das gelesen, was er zusammengeschmiert hat gegen mich, dieser infame, hirnverbrannte Volksverräter, der in der Gegend herumfährt und sich auch noch Bischof nennt? Ich ginge auf der Stelle zum Führer damit, wenn ich nur könnte, aber es geht nicht wegen der Beerdigung. Ist es schwarzer Tee, mit dem Sie da sitzen?

Mensch Nein, das ist es nicht. Das ist Kamillentee. Meine Bronchitis ist wieder am ...

Dorn Trinken Sie Rum! Kamillentee schäkert nur mit der Krankheit, aber ein ordentlicher Grog mit Rum schlägt sie nieder. ... Haben Sie meinen letzten Artikel gelesen? Wie denken Sie darüber?

Mensch Ja, wenn Sie mich direkt fragen, muss ich Ihnen gestehen, dass dieses da mit dem ursprünglichen Extraapostroph auf der achten Hieroglyphe während der sechsten Dynastie ...

Dorn Zur Hölle mit dieser Fachzeitschrift! Ich meine meinen letzten Artikel in der deutschen Kirchenzeitung. Den haben Sie natürlich nicht gesehen? Nein. Ich habe da unumstößlich bewiesen, dass Christus einem arischen Stamm an der Nordgrenze des römischen Imperiums angehörte. Nun schreibt dieser Bischof Beugel, der eigentlich Bischof Bengel heißen sollte ... Haben Sie ihn jemals gesehen? Das ist nämlich, was mich am meisten an ihm stört, er ist gegen mich eine Micky-Maus. Er reicht mir kaum bis zum Gürtel! ... Und jetzt sehen Sie mal hier: Er will mich widerlegen: Punkt 1, Punkt 2, Punkt 3 ... bis Punkt 14 ... beispiellos! Und dieser Hampelmann läuft noch immer frei auf der Straße herum, und die Menschen, die ihn kennen, ziehen den Hut vor ihm. So etwas wird geduldet und darf in einem Rechtsstaat passieren. Aber ich gehe gleich morgen zum Führer, nun ja, aber auf jeden Fall übermorgen. Die Beerdigung geht ja vor.

Mensch Sagen Sie mir, wie ging das in der Sitzung gestern?

Dorn Sagen Sie mir zuerst, Mensch, deswegen komme ich ja zu Ihnen: Sie sind doch auch kein Idiot. Es würde meine Position vor dem Führer außerordentlich stützen, wenn ich ihm sagen könnte, dass meine Ansichten von einem Mann wie Ihnen geteilt werden. Sie sind doch auch davon überzeugt, dass Christus ein Arier ist, nicht wahr?

Mensch Ich habe meine Gedanken eigentlich vorher nie an das orientalische Götterwesen verschwendet. Das ging mich nie an, weder als Mensch noch als Deutscher. Was brauchen wir Götter, wenn wir nur Männer haben!

Dorn Aber wir brauchen eine Religion. Sie haben keine, das ist das, was mich bei Ihnen stört. Sie sind zu verkopft. Körperlich gesehen sind Sie ja nicht unter dem Mittelmaß, aber irgendwie wirken Sie zart. Religion gibt Kraft und Farbe. Und das Christentum eignet sich dafür gut, (zündet seine Pfeife an) nur wir müssen es zurichten nach dem Bedarf unseres Volkes. Ich bin sicher, dass Sie mir auch darin zustimmen, Fräulein Schmidt.

Fräulein Schmidt Ich weiß nicht. Wenn wir etwa ein altnordisches Drama in moderner Verkleidung aufführen sollten, so meine ich, es wäre eine Versündigung an Odin, ihn nur als Statisten zu gebrauchen.

Dorn Odin! Nein, wissen Sie was, der ist zu sehr von früher. Darf ich um Christus bitten, aber - nota bene! - um einen deutschen Christus! Die Wahrheit ist ja, dass Christus gar nicht so war, wie wir ihn uns gewöhnlich vorstellen. Das habe ich auch zum Führer gesagt. „Da sind viele Parallelen," sagte ich, „zwischen Ihnen, mein Führer, und ihm: Handwerker waren Sie beide zu Beginn, mit einer gewissen Beziehung zum Zollwesen, und beide wurden Sie Führer des Volkes alleine durch die Macht des Wortes." - Ja, habe ich denn nicht Recht?

Mensch Das haben Sie möglicherweise. Aber deswegen brauchen Sie doch nicht Ihre Pfeife herumschnörgeln zu lassen.

Dorn Lasse ich meine Pfeife schnörgeln?

Mensch Ich kann mich damit abfinden, dass Sie grässlichen Tabak rauchen, denn ich weiß, es kommt daher, weil Sie sich an den deutschen halten. Aber es hat nichts mit Vaterlandsliebe zu tun, wenn sie diese Tabaksoße auspusten.

Dorn Ich sage auch, Christus war kein Schwächling mit einem süßlichen Ghettolächeln. Im Gegenteil. Wissen Sie, wie er aussah?

Fräulein Schmidt Wissen Sie es denn?

Dorn Da können Sie sich drauf verlassen, dass ich das weiß. Er war nicht ein Zimmermann, sondern ein Maurer, zwanzig schwere Steine auf dem Rücken und die Leiter hinauf mit der Last, den ganzen Tag. Das gibt Muskeln, meine Freunde, das gibt Knochen und einen Rücken. Herbe Falten im Gesicht vom In-die-Sonne-schauen. Und wenn er seine Stimme erhob und zu den Massen sprach, dröhnten die Felsen.

Fräulein Schmidt Dann glich er ja eigentlich Ihnen, Herr Professor.

Dorn Das wäre wohl nicht das Schlimmste. ... Was bei der Sitzung gestern herausgekommen sei, fragten Sie, Mensch? Geschrei und Durcheinander! Man wollte mir nicht glauben, auch mit Rücksicht auf seine netten, christlichen Schwiegereltern. Aber ich werde ihn persönlich aufsuchen und die Wahrheit aus ihm herausquetschen. Wir haben da unsere Methoden. Sie können Gift darauf nehmen, er ist Jude. Nun aber zurück zum Thema. Es ist äußerst wichtig, dass ich mit Ihrer Unterstützung rechnen kann, Mensch.

Mensch Bei Ihrer Ansicht, dass Christus Arier war?

Dorn Stimmen Sie nun zu?

Mensch Merkwürdigerweise hat sich mir nie diese Frage gestellt. Aber ich werde sie baldigst genau untersuchen und Ihnen dann meine Antwort geben.

Dorn Herrgott, Kleinigkeitskrämer, keine Ausflüchte! Ja oder nein?

Mensch Es ist wirklich wahr, die Rassenfrage hatte ich vergessen wegen vielem anderen, das mir wichtiger erschien.

Dorn Wie bitte?

Mensch Ja, was mir überhaupt wichtiger vorkam. Aber ich könnte ja ... nein ... schön ...

Fräulein Schmidt Nein, das werden Sie nicht.

Dorn Was?

Mensch Ah, da war etwas ganz anderes, was mir jetzt einfällt. Ich vergaß, Ihnen ein paar Scherben zu zeigen, auf die ich neulich stieß. Holen Sie sie bitte vor, Fräulein Schmidt. Sie sollten sie doch sehen, jetzt erinnere ich mich daran. Sehen Sie her. Was sagen Sie dazu?

Dorn Sehr witzig! Eine Krakelei, was? Sehr spaßig! Bauernmalerei. Aber was für ein Landsmann dieser Kerl gewesen ist, steht ja wohl außer Zweifel.

Mensch Das sehe ich jetzt.

Dorn Man braucht ja nicht die ganze Figur zu sehen, um darüber im Klaren zu sein, dass es schlecht um seine Vorhaut stand. ... Ach, Entschuldigung, Entschuldigung. Na, jetzt peitscht es wieder gegen die Scheiben. Ich muss fort. Aber sagen Sie mir nur ...

Frau Trahne **(herein)** Da ist jemand, Herr Professor.

Mensch Wer? **(folgt ihrem Wink und geht mit ihr heraus)**

Dorn Fräulein Schmidt, nicht wahr? Was? Sind wir uns einig?

Fräulein Schmidt Nein, Herr Professor, nein, das würde nur eine große Enttäuschung für Sie.

Dorn Sie wollen nicht? Nicht so zimperlich! Daran ist Vater nicht gewöhnt.

Fräulein Schmidt Nein, nein, Herr Professor. lassen Sie mich in Ruhe! Da wird nichts daraus!

Dorn Gut! Wie Sie wollen! Dann machen Sie es eben so, wie Sie es haben wollen!

Mensch (herein) Ich weiß ja nicht recht. Das ist Bischof von Beugel.

Dorn Der elende Schreiberling, der kommt hierher? Dann gehe ich! Das heißt: Nein, ich bleibe! Ein Deutscher rennt nicht weg.

Beugel (Tritt herein. Und das ist das Unbegreifliche, er ist ein kleiner, o-beiniger und redseliger Mann!) Nun sieh mal da, beide Herren Professoren! Zwei Fliegen mit einer Klappe! Und ich möchte schwören, es wird eine Schlägerei geben!

Dorn Was wünschen Sie, Herr Bischof.

Beugel Das will ich Ihnen stehenden Fußes sagen. Ich wünschte, die Laternenmasten gerade vor Ihrer Villa wären ein wenig stärker.

Dorn Das soll wohl ein Spaß sein. Aber ein höchst unanständiger. Ich bin der künftige Kultusminister, der für Sie zuständige Minister.

Beugel Ach, das kann Sie auch nicht retten. Wenn Sie dabei bleiben, die Leute mit Ihren Schreibereien zu reizen, knüpfen die Sie auf. Nicht mit meiner Billigung. Ich sage, lasst den Mann doch schreiben. Damit blamiert er sich am Ende selbst mehr, als wenn er gehängt wird.

Dorn Ihr Gerede ist höchst respektlos. Ich verbitte es mir.

Beugel Kultusminister, sagten Sie? Sie Reichskultusminister? Nein, wissen Sie was? Dann hätte ich lieber Stalin.

Dorn Das werde ich dem Führer mitteilen!

Beugel Lassen Sie das lieber! Es nimmt ihn bestimmt nicht. Und Stalin selbst würde es auch abschlagen. Nein, das ist keine gute Idee. Aber es gibt bessere als Sie. Lieber Leugner Christi, als Verfälscher!

Dorn Sie wagen, mich ...

Beugel Wenn Christus verwandelt werden soll in einen Seeräuber und Draufgänger wie Odin und die andern alten Wikingerburschen ...

Dorn Es sind unsere Vorfahren, die Sie mit ihren Worten besudeln!

Beugel Ja, die alten Berserker, die hier vor tausend Jahren hausten, waren bekanntlich, bevor das Christentum sie ein wenig gesitteter machte, schlimmer, als es die Juden jemals waren.

Dorn Herr Professor Mensch, in Ihrem Haus befindet sich ein Mann, der den Führer, seine Ideen und seinen Kampf verhöhnt. Können Sie dazu stillschweigen? Die Juden hervorheben auf Kosten von ... ! Die Juden! Der Kehricht im Rinnstein der Völker. Diese vaterlandslosen Gesellen, die uns hassen, die wir ein Vaterland haben, diese aus allem Zusammenhang Herausgerissenen, die bar jeden Glaubens, bar aller Ideale sind; sie haben nur ihren widerlichen Zusammenhalt wie Ratten mit Krebsgeschwüren, denen die Schwänze zusammenwachsen. Alles Unglück stammt von ihnen: die Geldgier der Männer, die Liederlichkeit der Frauen, die Auflösung der Familien ...

Beugel Und dann regnet es immer genau an den Tagen, wenn meine Frau Wäsche trocknen will! Ja ja, es ist schon eine verfluchte Nation.

Dorn Was tut es? Regnen? ... Ah, Herr Bischof, ich dachte, Sie wären ein ernsthafter Mann.

Beugel Nein, das bin ich gottlob nicht. Davon gibt es schon zu viele hier im Lande. In meinen jungen Tagen, während meiner vier Jahre im Schützengraben, da war ich ein ernsthafter Mann. Und ich war nahe daran, meinen Verstand zu verlieren. Aber dann traf ich Martin Luther. Der lehrte mich, dass ein Christ guten Humor hat. Danach traf ich Christus, der war noch viel besser. Der flüsterte mir in's Ohr: „Lass sie uns nur am Karfreitag totschlagen, am Ostermorgen halten wir sie zum Narren.“ Seitdem gibt es nichts, das mir auf die Nerven geht.

Dorn Ihre Äußerungen sind staatsgefährdend, Herr Bischof! Ist Ihnen das klar?

Beugel Sie drohen mir? Hoho, Sie drohen mir mit Konzentrationslager und Zwangsarbeit? Aber wissen Sie, was ich mache? Ich begieße meine eigenen Erdbeeren! Zweieinhalb Fass, das sind fünfundzwanzig Kannen voll, dreimal am Tag, wenn der Frühsommer trocken ist. Mich erschrecken Sie nicht damit, dass Sie mich zwingen, eine Schubkarre zu fahren. Und wenn Sie mit mir etwas Schlimmeres machen wollen, dann … siehe oben! ... Sehen Sie, das war die eine Fliege. Und nun, sehr verehrter Herr Professor Mensch! Ich ...

Dorn Nein, Herr Bischof, so einfach sollen Sie nicht das letzte Wort behalten. Der Ostermorgen, der für Sie anbrach, das ist genau der, der nun für unser Volk angebrochen ist. Die vier Jahre im Schützengraben, von denen Sie erzählten ... erinnern Sie sich an die Zahl unserer Feinde? England und Frankreich, Russland, Italien, Japan, Amerika ... dreiundzwanzig Völker gegen eins. Alle Nationen der Welt standen gegen uns, und wir schlugen sie, Sieg um Sieg. Aber da gab es ein Volk, das wir nicht schlagen konnten, denn es kämpfte nicht, ein fremdes Volk mitten unter uns. Das lähmte uns von innen, dass wir schließlich zusammenbrachen. Dieses Volk gewann den Krieg, das sahen wir in den folgenden Jahren; frierend und hungrig gingen wir Deutschen durch unsere eigenen Straßen, aber der Champagner schäumte für sie in den Redaktionen und Theatern, in Luxuskaufhäusern und Bankpalästen. Sagen Sie nur, dass ich lüge, wenn Sie es können.

Beugel Die Bibel sagt niemals, dass Israel unverschuldet heimgesucht wurde. Aber ein Jude hat meinen deutschen Mund gelehrt, jeden Morgen und jeden Abend zu sprechen: „Vergib uns unsere Schuld, wie wir vergeben unseren Schuldigern." Geben Sie so, in christlichem Sinn, Lebensrecht für dieses Volk in unserem Volk. Denn die Menschenrechte anderen Menschen wegnehmen heißt, sich selbst zum Verbrecher zu machen.

Dorn Handelt es sich um den Führer, den Sie einen Verbrecher zu nennen belieben?

Beugel Ich ehre den Führer. Ich halte ihn, so weit es irgend geht, nahezu für einen Gott, wenn dabei klar bleibt, dass er doch nur ein Mensch ist. Als Mensch hat er eine Kirche nötig, die ihm sagt, wo er Fehler macht, und Helfer, aber nicht von der Art, die sich selbst empfehlen, sondern die Besten des Volkes. Nicht einen von ihnen kann er länger entbehren. Deshalb, Herr Professor Mensch, ich weiß, dass Sie es nicht wollen, aber Sie müssen, müssen, um dieser Menschen willen, um Deutschlands willen, der neue Minister werden.

Mensch Ich? Aber was sind das für unverantwortliche Reden?

Dorn Aha, Sie haben einen großen Namen nötig, in Ihrer Angst vor einem richtigen Mann.

Beugel Herr Professor Mensch, Sie wollen nicht Ihre Ruhe als Forscher aufgeben, Sie wehren sich deswegen. Ist es aber nicht eine Ehrenpflicht, die eigene Wohlfahrt hintanzustellen um der Allgemeinheit willen? Sie verstünden sich nicht auf praktische Dinge, entschuldigen Sie sich. Sie wissen, dass Sie die tüchtigsten Helfer an Ihrer Seite haben werden. Sie seien kein Christ, wenden Sie ein? Nein, aber Sie sind edel und haben einen rechtlichen Sinn. Sie haben den Charakter, und auch den Namen, der uns alle zum Verstummen bringen kann.

Dorn Womit er meint, dass Sie schwach sind, so dass Sie sich von ihm führen lassen.

Mensch Herr Bischof, Sie dürfen mich nicht um so etwas bitten. Sie machen mir Angst. Meine Konstitution kann das nicht ertragen. Alle Menschen kommen jetzt und wollen mich hinausziehen in ein Leben, wo ich nicht hingehöre, und wo ich kein Recht habe, mich zu zeigen. Ich gehöre weder zu bestimmten Personen noch zu Parteien. Lassen Sie mich in Frieden. Ich bin Wissenschaftler.

Beugel Sie sind ein deutscher Wissenschaftler wie ich ein deutscher Kirchenführer. Deutschlands Ehre kann uns nicht gleichgültig sein.

Dorn Ehre! Deutschland! Ihnen! Hahaha!

Beugel Unsere Kinder sollen die Größe unseres Jahrhunderts nicht genug bewundern können und sich auch nicht schämen wegen des Preises, den wir dafür bezahlt haben. Ist es zu groß, groß zu sein? Lieber Johannes der Täufer im Gefängnis als Herodes auf dem Königsthron! Der Kernpunkt unseres Kampfes, ob Christus Arier war oder nicht, geht ja darum: Soll Deutschland die Wahrheit oder sich selbst zum

Gott haben? In diesem Kampf weiß ich, dass Sie, Herr Professor Mensch, mit all Ihrem ... Was ist da auf der Straße los?

Dorn Wo? Ach, dann haben sie ihn gefasst. Dann kam es ans Tageslicht.

Mensch Was ist denn das nun wieder für eine Störung? **Fräulein Schmidt läuft zu dem einen Fenster. Mit einem Schrei:**

Nein! **(läuft zum anderen Fenster)**

Nein! **(sieht sich ratlos um, stürzt hinaus)**

Dorn Weibervolk!

Beugel Wer ist der Mann da in Handschellen.

Dorn Einer von Ihren Freunden, Herr Bischof. Ein Jude! Der Direktor unserer Bibliothek hier. Er hat Betrug bei seinem Ariernachweis betrieben.

Beugel Und ihr wollt so weitermachen? Mit der Inquisition, mit aller Art mittelalterlicher Verirrungen wollt ihr weitermachen, Deutschlands Namen zu entwürdigen? Grinsen Sie nur. Ich weiß, dass ich ein kleiner lächerlicher Mann bin. Nennt mich ruhig einen Narren, aber vergesst nicht, dass es die Aufgabe des Narren war, am Hofe der Macht die Wahrheit zu sagen. Es brennt eine Flamme in mir, seht, sie ist rot! Wenn ihr nicht innehaltet, werde ich ein Feuer über Deutschlands Städte und Ebenen und Berge anzünden. Wir sind Tausende, wir sind Zehntausende, Hunderttausende, die wir unsere Hände gegen euch ausstrecken, bis ihr euch entweder beugt oder sie annagelt, wie ihr schon einmal seine Hände angenagelt habt, ihr Pharisäer! **(ab)**

Dorn sieht ihm spöttisch nach. Mensch hat sein Gesicht in seine zitternden Hände verborgen.

IV

Mensch Ah, liebes Fräulein Schmidt, darf ich Ihnen aus demMantel helfen? Ja doch, lassen Sie mich nur. Was bin ich glücklich, Sie wieder hier zu haben. Wo haben Sie denn nur die drei langen Tage gesteckt? Ihr Telefon reagierte nicht. Niemand hatte Sie gesehen. Ich hatte mir schon allerlei Gedanken gemacht. Wo haben Sie bloß gesteckt?

Fräulein Schmidt In meinem Bett. Ich hatte mich eingeschlossen. Ich war total erschöpft, Herr Professor, nichts sonst als erschöpft.

Mensch Aber jetzt sind Sie wieder hier! Herzlich willkommen. Die Tage vergingen mir so langsam ohne Sie.

Fräulein Schmidt Da gewöhnt sich der Herr Professor schnell daran, sobald ...

Mensch Da gewöhnt sich der Herr Professor gar nicht daran, ganz bestimmt. Wie können Sie so etwas sagen? Jetzt sollen Sie wieder wie vorher jeden Tag kommen ... das heißt ... ich will ja nicht ... ich habe mir gedacht, dass ... ich hatte ja nun Ruhe, um zu durchdenken ... für mich durchzugehen ... ich habe Sie mehr entbehrt, als ich es für möglich hielt. Zuletzt habe ich mich selbst gefragt: „Ist sie der gute Arbeitskamerad, den du nicht entbehren kannst?" Die Antwort darauf ist unzweifelhaft: „Ja, das ist sie". Meine Antwort ist kaum hinreichend. ...

Fräulein Schmidt Lieber Herr Professor, das, was Sie jetzt sagen wollen ...

Mensch Warten Sie ein wenig. Nicht unterbrechen. Dann kann ich gar nichts richtig herausbringen. Und Sie wissen nicht, was ich sagen will. Ich weiß es nämlich selbst nicht. Aber ich habe doch versucht, meine Gefühle zu analysieren. Und so möchte ich sagen: ich habe nicht die Begierde in mir gefunden, das gewaltige Verlangen, oder wie man das nun nennen mag. Man möchte vielleicht auch eher erwarten, diesen Affekt bei Jünglingen zu finden. Ich weiß folglich nicht, ob ich im gegenwärtigen Stadium mit voller Wahrheit für mich den Ausdruck in Anspruch nehmen darf, dass ich Sie liebe. Aber zugegebener Maßen nehmen Sie eine so zentrale Stelle in meinem Bewusstsein ein, dass es eine tiefe Befriedigung für mich wäre, wenn Sie sich vorstellen könnten, einen entsprechenden Platz in meinem Haus einzunehmen.

Fräulein Schmidt Lieber, lieber Herr Professor, wenn Sie mir das vor fünf Tagen nur gesagt hätten, dann hätte ich vor Glück aufgeschrieen, dann wäre ich Ihnen um den Hals geflogen, hätte mich mit Ihnen auf dem Boden herumgewälzt und Ihnen ein kleines Loch in Ihre Wange gebissen ...

Mensch Aber Gott bewahre ...

Fräulein Schmidt Doch nun ist seitdem so viel geschehen.

Mensch Ja aber, ich verstehe das schlechterdings nicht, das kleine Missverständnis ...

Fräulein Schmidt Ich muss mich leider darauf beschränken, Ihnen das zu antworten, was Ihnen zu sagen ich gekommen bin.

Mensch Um was mir zu sagen sind Sie gekommen?

Fräulein Schmidt Dass ... dass ich ... dass ich bin ... nein, ich kann nicht. Es ist ... es hat keinen Zweck ... lieber weggehen und nichts sagen ... einfach weggehen. ... Leben Sie wohl.

Mensch Nein, liebes Fräulein Schmidt, das dürfen Sie nicht, nein, können Sie nicht. Das können wir einander nicht antun. Nur müssen Sie mir erklären ...

Fräulein Schmidt Sie sollten mich nicht um eine Erklärung bitten für irgendwas. Lassen Sie mich einfach gehen ... nur fort, sonst ... ich kann mich nicht länger beherrschen.

Mensch Aber mein liebes, kleines Fräulein Schmidt!

Fräulein Schmidt Das sehen Sie selbst ein. Meine Kleinigkeiten unten im Keller, nur die noch mitnehmen und dann ganz schnell verschwinden. Danke. **(ab)**

Mensch Ist das denn zu begreifen? Aber da kann ... für alles in der Welt gibt es ja eine Erklärung. Die kann man finden. Lasst uns jetzt streng logisch vorgehen. Ja, dann wäre folgendes möglich: Sie könnte eine Krankheit haben. Eine verborgene Krankheit. Da gibt es so viel bei den Frauen, was man nicht weiß. Aber würde das was ausmachen? Im Gegenteil. Sie würde in einer Ehe viel besser gepflegt werden. Ich glaube wirklich, ich sollte ... ja das sollte ich gewiss, ich will versuchen Doktor Hülfe anzurufen. **(greift zum Telefon)** Herein! Aber ist es ... ? Wer ist es? Ist es ... ? Sind Sie es, Fräulein Fürst?

Fräulein Fürst Darf ich hier wohl ein wenig ausruhen?

Mensch Das dürfen Sie ganz bestimmt. Soll ich Ihnen ein wenig Wein oder Gebäck kommen lassen?

Fräulein Fürst Danke, nichts. Und mich auch nicht ansprechen. Einfach still sitzen. Darf ich das?

Mensch Das dürfen Sie ganz bestimmt. Dann schweigen wir beide. Ist es das, was wir am liebsten haben?

Fräulein Fürst Ja, danke, Herr Professor. Sie sind so klug. Glauben Sie, dass etwas an mir missgestaltet ist?

Mensch Aber liebes Kind!

Fräulein Fürst Aber es muss doch etwas verkehrt sein mit mir, etwas unnormal, dass ich so einen wie ihn lieben konnte!

Mensch Aber Sie wussten doch nicht, dass er Jude ist.

Fräulein Fürst Ich hätte es eigentlich fühlen müssen, denke ich. Wenn ich ein gesundes deutsches Mädchen wäre, hätte da ein Instinkt in mir sein müssen, der mich veranlasst hätte, mich zurückzuziehen, als er sich näherte … etwas, das sich in mir gesträubt hätte gegen seine Liebesbezeigungen. Aber ich fand nur, dass es so unsagbar herrlich war.

Mensch Ja aber, ja ...

Fräulein Fürst Ich glaube nicht, dass ich das alles durchstehe. Meine Mutter weint und weint und weint, und mein Vater ist stumm, stumm, stumm. Und ich selbst gehe unter den Menschen umher und fühle mich so … ja, gleichsam ganz ausgezogen, gleichsam völlig entblößt, und überall, wo er mich berührt hat, brennt es vor lauter Scham.

Mensch Liebes, kleines Fräulein Fürst, Fräulein Schmidt ist hier, soll ich nicht versuchen, sie zu rufen.

Fräulein Fürst Nein, danke. Ich bin ja zu Ihnen gekommen. Sie sind so klug und so feinfühlig. Ich dachte, vielleicht hätten Sie ein Wort, das ein wenig helfen könnte.

Mensch Wenn ich das nur hätte, ja! Wenn ich nur zufällig etwas Vergleichbares wüsste! Aber Sie werden sehen, Fräulein Fürst, Sie sind jung, und die Zeit wird ...

Fräulein Fürst Das sagt man so. Ja, danke. Dann will ich wohl lieber wieder gehen.

Mensch Soll ich Ihnen nicht den neuen Fund zeigen, über den wir sprachen, als Sie zuletzt hier waren?

Fräulein Fürst Ja, vielen Dank. Das ist freundlich von Ihnen. Nur das sollte noch etwas warten. Beim nächsten Mal. Denn ich glaube, ich kann mich dann besser darein vertiefen. Haben Sie Dank, dass ich einfach ein wenig hier sitzen durfte. **(wendet sich, um zu gehen)**

Dr. Helm (in der Tür)

Fräulein Fürst Du? Du? Haben Sie dich freigelassen?

Dr. Helm Ich sah, dass du hier hinein gingst. Ich habe draußen gewartet. Jetzt konnte ich nicht länger warten.

Fräulein Fürst Warum haben Sie dich laufen lassen? War das Ganze ein Irrtum?

Dr. Helm Unter der Bedingung, dass ich das Land verlasse, haben Sie mich freigelassen. ... Röslein!

Fräulein Fürst Du bist also ein ... Rühr mich nicht an! Weg von mir! Weg! Ich will dich nicht mehr sehen! Nie mehr! Pfui! **(ab)**

Dr. Helm Herr Professor, ein Morgen wird anbrechen, da hört dieser ganze Zauber auf. Ich will nach Jerusalem ziehen und dort abwarten und irgendwann wieder hierher in die Heimat zurückkommen zu meinem Mädchen. Herr Professor, wollen Sie mithelfen, dass die Nacht nicht so lange währt?

Mensch Ich möchte Sie bitten, mein Haus zu verlassen.

Dr. Helm (senkt sein Haupt) Ich bitte um Verzeihung. Leben Sie wohl. **(ab)**
Mensch steht leicht schwankend da, fasst sich mit beiden Händen an die Brust, da knarrt die Diele, und er richtet sich auf.

Fräulein Schmidt (kommt aus dem Keller mit einer Tasche in der Hand) Nun bin ich fertig.

Mensch Fertig? Nein, Sie sind nicht fertig! Jetzt fangen wir erst an. Geben Sie mir bitte die Tasche, kleine Frau.

Fräulein Schmidt Sie dürfen das nicht. Das ist Sünde. Ich bin nur ein Mensch.

Mensch Nein, wir sind zwei Menschen. Von jetzt an gehören Sie und ich zusammen.

Fräulein Schmidt Ach, wenn wir doch zusammen fortreisen könnten, weit fort, zu einem anderen Stern.

Mensch Das liegt nun nicht so fern. Ist es vielleicht Sonne, nach der Sie sich sehnen, oder vielleicht Meerwasser. ... Sie wissen, das Reiseleben ist nichts für mich, aber um Ihretwillen würde ich mir ein halbes Jahr an einen weiten Badestrand auferlegen.

Fräulein Schmidt Und das wäre möglich? Kalifornien vielleicht?

Mensch Wir könnten uns auch mit Italien begnügen!

Fräulein Schmidt Ein Jahr, nur ein Jahr! Ich gäbe gerne den Rest meines Lebens nur für ein halbes Jahr. Aber ich wage es ja nicht, ich darf es ja nicht.

Mensch Im Gegenteil: Sie dürfen und können es wagen! Ich sage Ihnen: Auf meine Verantwortung dürfen und können Sie es wagen ... sowohl sollen als auch müssen! Geben Sie mir Ihre Hand. Nun also: Niemals habe ich eine so schöne Hand gesehen. Nun habe ich diese Hand ungefähr vier Jahre gekannt und niemals darauf geachtet, dass sie so schön ist. Ich habe nur eine einmal studienhalber gesehen, die war schöner, aber die war allerdings auch drei Jahrtausende älter. Die Hand von Königin Nefrit von Ägypten. Aber diese hier ist lebendig-weich.

Fräulein Schmidt Und sie sehnt sich so nach Ihnen. Und hat das schon lange getan. Sie sehnt sich danach, gut zu Ihnen zu sein, Ihnen Essen zuzubereiten, das Sie vertragen, dumme Briefe für Sie zu beantworten, allen Ärger von Ihnen fernzuhalten, und vor allem, Ihnen über die Stirn zu streicheln.

Mensch Dank! Dank! Es scheint mir, dass das Leben reicher sein kann, als ich bisher dachte.

Fräulein Schmidt Sprechen Sie nicht von dem Leben. Lassen Sie mich das Leben vergessen. Lassen Sie mich glauben, dass da keine andere Welt ist bis auf diese, wo ich Sie liebe, Mensch, die Welt des Glücks, dass Sie mir erlauben, zu Ihnen zu sagen: ich liebe ... Was ist das für ein Hut?

Mensch Ein Hut? Der da? Ja, wem gehört der ... ? Ah, er hat seinen Hut vergessen.

Fräulein Schmidt War er hier? Hat man ihn freigelassen?

Mensch Unter der Bedingung, dass er über die Grenze verschwindet. Ja, er kam gnädig davon.

Fräulein Schmidt Er kam gnädig davon, ja. Aber nun muss ich gehen..

Mensch Gehen? Was soll der Blödsinn? Was geht dieser Mensch uns an?

Fräulein Schmidt Ja, er geht uns etwas an. Er ist mein Bruder. Ich selbst bin die Schauspielerin Sara Levi.

Mensch Sind Sie verrückt geworden?

Fräulein Schmidt Es ist wahr, Herr Professor. Und nun gehe ich.

Mensch Wahr? Dann sind Sie ... Sie sind eine ... Vier Jahre sind Sie hierher gekommen und waren eine ... ? Sie hätten mich auf's Gröbste betrogen? Nicht nur mich alleine, sondern auch die Universität? Und das nicht alleine, sondern den höchsten Wert, dem die Universität und ich dienen: die Wahrheit.

Fräulein Schmidt Ich habe mich damit entschuldigt, dass die Arbeit, die ich hier tat ...

Mensch Und ihn, Ihren ... Bruder, haben Sie ebenfalls hier eingeschleust, unter falschem Namen, falschen Voraussetzungen, so dass er den Platz einem Menschen aus unserem Stamm, einem ehrlichen deutschen Mann, wegnahm.

Fräulein Schmidt Mein Bruder und ich, wir beide haben ...

Mensch Hinaus mit Ihnen! Habe ich mich in diesen Tagen unter Gewissensqualen gekrümmt, dass wir euch Juden Unrecht tun, kann ich nun mit eigenen Augen sehen, auf welche Weise ihr euch gegenseitig zum Trog helft und alle Mittel gebraucht, an euch zu reißen, was uns gehört. Und Sie sind die Frau, die ich einen Augenblick zuvor denken konnte zu ... ? So schlangengefährlich seid ihr Juden also! Giftnatter! Aus meinem Haus!

Fräulein Schmidt Danke für jeden glücklichen Arbeitstag mit Ihnen zusammen! (ab)

Mensch (Geht rastlos umher, dann schreit er zum Schreibtisch:) Du sollst deine Augen schließen! Ich weiß wohl, du liegst da unten und starrst von dort zu mir herauf. Aber du bist tot. Sie töteten dich damals. Und die Erde von zweitausend Jahren liegt auf deinen Augen. Ergo ist es unmöglich, dass du noch sehen kannst. Oh, diese Juden! Pestbazillen um uns herum! Ich öffne mein Portemonnaie, um mir Essen zu kaufen, so sitzt ein Jude darin! Ich gehe zu Bett, um Ruhe zu. finden, so hat ein Jude sich darin versteckt. Selbst in meinem Herzen, meinem deutschen Herzen, sitzt, unausrottbar, der Jude. ... Ja ja, wie du willst, du totes Bild des Toten, wie du willst. Ich bin zu schwach gegen dich. Ich will noch einmal mit ihr reden; bevor ich sie aus meinem Sinn und aus meiner Erinnerung tilge, soll sie meine Hand zum Lebewohl haben.

Frau Trahne (herein) Der Professor hat geklingelt?

Mensch Fräulein Schmidt ... ist sie gegangen?

Frau Trahne Glauben Sie mir, dass sie mir „Auf Wiedersehen" sagte? Ich dachte, bei Gott, dass die Dame ...

Mensch Sehen Sie zu, dass Sie sie einholen! Ich muss ihr noch etwas sagen.

Frau Trahne Einholen? Wie sollen meine alten Füße das schaffen?

Mensch Und genau mit denen schaffen Sie's! Los, raus!

Frau Trahne Der gütige Gott befreie und erlöse und bewahre uns! Ja, ja, ja, ja, ich werde mich beeilen.

Dorn (beinahe von ihr umgerannt) Au, was will sie von meinem Magen? Darin ist bereits genug Sauerkraut und Eisbein! Was war das für ein Tempo, das die Alte drauf hatte? Waren Sie dabei, sie zu vergewaltigen, Mensch? … Guten Tag, Herr Kollege. Auf und stillgestanden! Ich komme zu Ihnen mit Grüßen. Vom Führer.

Mensch Ja?

Dorn Er hörte sich mit größtem Wohlwollen meinen Vorschlag an. Wissen Sie, worum es ging, Väterchen?

Mensch Nein?

Dorn Um den Deutschlandpreis für Sie!

Mensch Ja?

Dorn Hören Sie zu, was ich sage. Der Führer verleiht Ihnen den Deutschlandpreis, die größte Ehrung, die einem Volksgenossen zuteil werden kann. Was sagen Sie jetzt?

Mensch Das ist schön vom Führer. Ich weiß das sehr zu schätzen.

Dorn Morgen um ein Uhr wird er ihn Ihnen in der Aula der Universität persönlich überreichen.

Mensch Verzeihen Sie mir, Dorn, dass ich im Augenblick nicht die richtigen Dankesworte finde. Aber grüßen Sie bitte den Führer und sagen Sie ihm, ich wüsste, dass morgen die größte Stunde in meinem Leben ist.

Dorn Der Führer, der ja stets schnell handelt, hat in diesem Fall sogar äußerst schnell gehandelt, und zwar bat er mich, zu sagen, er sei lebhaft interessiert an der Gabe, von der Sie ihm geschrieben haben.

Mensch Die werde ich ihm bei dieser Gelegenheit überreichen.

Dorn Damit rechnet er. Ein zeitgenössisches Bild von ... Welche deutsche Großtat! Welche gewaltige germanische Sensation! Und das konnten Sie stickum für sich behalten und es nicht einmal einem guten Kollegen zeigen?

Mensch Sie haben es doch gesehen, Herr Dorn.

Dorn Was sah ich?

Mensch Ich habe es Ihnen doch gezeigt!

Dorn Mir gezeigt? Was sagen Sie? Das hingepfuschte Machwerk, auf das ich einen flüchtigen Blick warf? War es das?

Mensch Das war es.

Dorn Das Bild von diesem Juden?

Mensch Das Bild von diesem Juden, ja!

Dorn Entschuldigen Sie, Herr Kollege, aber Sie irren sich.

Mensch Was tue ich?

Dorn Dieses Bild zeigt einen Bauern von vor mindestens zweitausendfünfhundert Jahren.

Mensch Wie wollen Sie das beweisen?

Dorn Das will ich dadurch beweisen, dass Christus kein Jude war.

Mensch Aber wenn das Bild nun zeigt, dass er einer war.

Dorn Dann ist es nicht ein Bild von ihm.

Mensch Und wenn ich nun sage, dass er es ist.

Dorn Dann ist Ihr Wort nicht länger glaubhaft.

Mensch Mein Wort? Mein Wort als Wissenschaftler?

Dorn Sie können auch irren. Sie sind nicht mehr jung, Mensch. Denken Sie daran. ... Na, na, brausen Sie nun nicht gleich auf! Denken Sie lieber nach: Meine erste Amtshandlung als Minister war, den Bischof hinter Schloss und Riegel zu bringen. Meine nächste soll sein, Ihnen den Ihnen zustehenden Deutschlandpreis zu verleihen. Im selben Augenblick, wo das geschieht, wollen Sie, der Stolz des Reiches, Sie, dem ich selbst zu dieser Ehrung des Reiches verholfen habe, aufstehen und dem Bischof Recht geben? Was wird die Folge sein?

Mensch Ich frage nicht nach den Folgen. Ich frage nach der Wahrheit.

Dorn Ja, das tun wir am Schreibtisch. Aber draußen auf der Straße haben wir das Leben als Einsatz. Da können wir uns Pedanterie nicht leisten. Was wollen Sie mit Ihrer Halsstarrigkeit erreichen? Das Volk gegen den Führer aufhetzen? Wieder Bürgerkrieg und Chaos? Im Grunde geht es darum: Halten Sie mit dem Vaterland oder mit dem Gesindel von Marxisten, Kommunisten, verschrobenen Christen und Juden?

Mensch Bedeutet das, dass einer der von meinem Führer mit dem Ministeramt betrauten Männer hier steht und mir erklärt, das Vaterland könne nur mithilfe von Lügen leben?

Dorn Lieber Herr Mensch, Sie leben in einer unwirklichen Welt von Prinzipien. Wahrheit oder Lüge sind doch nur Begriffe. Das Leben besteht aus Realitäten! Aber das Leben kennen Sie ja überhaupt nicht. Sie haben Ihren Platz bei Ihren Scherben in Ihrem Magazinkeller; da ist niemand so gut wie Sie, das räumen wir alle ein. Aber oben außerhalb des Magazinkellers, draußen, da regiert die Robustheit. Überlassen Sie mir das.

Mensch Wenn der Führer zu wissen bekäme, was Sie hier gesagt haben ...

Dorn Der Führer spricht durch mich.

Mensch Sie lügen.

Dorn Dann fragen Sie ihn selbst.

Mensch Ja, das werde ich. Ich werde selbst ... Worüber lachen Sie? Nein, ich werde nicht fragen. Ich werde nichts riskieren. Meine Konstitution erlaubt das nicht. Ich will nicht fragen, ich will handeln. Ich werde am Nachmittag Fotografien von dem Fund anfertigen lassen und diese ins ganze Land schicken. Ich werde die Zeitungen anrufen und ihnen Bescheid geben.

Dorn Dann erhalten Sie den Deutschlandpreis nicht.

Mensch Ich will keinen Deutschlandpreis haben. Ich bin nicht käuflich. Verleihen Sie ihn, an wen Sie wollen. Ich bin jedenfalls nicht käuflich.

Dorn Lieber Herr Professor Mensch, das geht gar nicht. Sie nehmen eine solche Position in Deutschland ein, dass die Regierung es nicht zulassen kann, dass Sie ihr in den Rücken fallen. Ich fordere Sie hiermit auf, mir das Bild jetzt auszuhändigen, damit es an einem sicheren und für die Allgemeinheit unzugänglichen Ort aufbewahrt wird.

Mensch Das tue ich nicht. Ich rufe sofort Fotografen und Presse an.

Dorn Ich verbiete dann den Fotografen, zu fotografieren, und der Presse, irgend etwas zu veröffentlichen. Was sagen Sie dazu?

Mensch Dann werde ich selbst es hinausschreien über ganz Deutschland, dass ich ein Bild von Christus gefunden habe, welches beweist, dass er ein Jude war.

Dorn Dann bestelle ich den Krankenwagen und lasse Sie ins Irrenhaus einliefern. Was machen Sie dann?

Mensch Ja, was mache ich dann? Was mache ich dann?

Dorn Lieber Herr Professor Mensch, Kollege, Freund, Volksgenosse - und vor allem: Ehrenmann! Dieses Bildnis , das Sie entdeckt haben, ist bis auf weiteres das von einem israelitischen Bauern aus der Zeit von mindestens fünfhundert Jahren vor Christus. Das verändert doch nichts an seinem Wert als Kunstwerk. Morgen übergeben Sie es dem Führer. Der bestimmt, in welchem Umfang es dann vorläufig gezeigt wird. Sie lassen es weder abbilden oder erörtern oder ansehen noch irgend etwas anderes sonst damit geschehen, bis Sie es ihm übergeben haben. Darauf geben Sie mir Ihre Hand und Ihr Wort. Kommen Sie schon!

Mensch Wissen Sie, was das bedeutet, worum Sie mich bitten?

Dorn Das ist keine Bitte. Das ist ein Befehl!

Mensch Wissen Sie, was das bedeutet, was Sie mir befehlen?

Dorn Nicht ich befehle, sondern das Vaterland!

Mensch Ja, ja, so! Ja, ja. Also: Ich unternehme nichts mit dem Bildnis, außer dass ich es morgen mitbringe zum Führer, wenn er mir den Preis überreicht. Sind Sie jetzt zufrieden?

Dorn Jetzt erkenne ich in Ihnen wieder meinen alten kooperativen Freund! Deutschland dankt Ihnen, Herr Professor. Damit wäre alles in Ordnung. Das können Sie sich doch auch selbst sagen: ein Jude kann nicht Gott für dieses Volk sein.

Mensch Das beginne ich nun zu verstehen.

Dorn Auf Wiedersehen bei Ihrer Ehrung, frater! (ab)

Fräulein Schmidt (herein) Ich habe drinnen gewartet, Herr Professor. War da noch etwas, was Sie von mir wollen?

Mensch Vielleicht war da was. ... Ja, das war es. Ich wollte Ihnen sagen, dass das, was ich sagte zu ... nein, das wollte ich wohl nicht. Aber ich möchte Sie fragen, wie das geschehen konnte, dass Sie ... Wie haben Sie das eigentlich angestellt, hierher in die Universität zu kommen?

Fräulein Schmidt Warum möchten Sie das wissen, jetzt, wo alles vorbei ist?

Mensch Wie geschah es, dass Sara Levi zu Fräulein Schmidt wurde?

Fräulein Schmidt Es war bestimmt ein angeschossener Hase, der mich auf den Weg brachte.

Mensch Ein Hase?

Fräulein Schmidt Ich komme aus einem schlesischen Dorf. Meine Mutter ist keine Jüdin. Mein Vater hatte vergessen, dass er es war. Niemand ließ uns irgendetwas merken. Wir waren viele Kinder ... und sehr arm. Ich war die Jüngste. Ein Onkel ließ mich studieren. Archäologie war meine ganze Freude, aber dann machte ich einen Sprung auf die Bühne ...

Mensch ... und wurde Chansonsängerin.

Fräulein Schmidt Zuerst ja. Dann aber bekam ich Lust, Schiller zu spielen. Und nach einem Shakespeare-Abend, nach dem „Sommernachtstraum", spannten sich die Studenten vor meine Droschke. Zwei Monate später, beim selben Stück, warfen sie mir rohe Eier ins Gesicht. War meine Kunst in den zwei Monaten so viel schlechter geworden? Ich war ein junges Ding von kaum zwanzig Jahren und begriff nichts.

Mensch Und so flohen Sie nach London?

Fräulein Schmidt Ich fuhr heim zu meiner Mutter. Aber ich konnte es daheim nicht aushalten. Ich hatte Sehnsucht nach den Kollegen, nach Scheinwerfern und festlicher Stimmung und Beifall. Gleichzeitig dröhnten alle Zeitungen, schrie die Stimme des Führers im Radio, wir Juden seien alle Bestien und Teufel.

Mensch Aber Sie waren doch keine Jüdin?

Fräulein Schmidt Ja, ich fühlte mich aber jetzt so. Der Führer hat Recht, dass das arische Blut so schwach ist, dass ein paar Tropfen jüdischen Blutes in einem Menschen genug sind, um das ganze arische zu verderben!

Mensch Kein Wort gegen den Führer!

Fräulein Schmidt Nein, nichts Schlechtes über ihn. Nichts Schlechtes über den, der alles Schlechte über uns sagt! Der es selbst glaubt, der andere dazu bringt, es zu glauben, ja, der es so laut und so oft brüllt, dass wir es uns am Ende selbst einbilden! Ich ging zuhause herum und fühlte mich schließlich als eine liederliche Person, die mitgeholfen hatte, das deutsche Geistesleben mit ihrer verseuchten Kunst zu pervertieren. Und eines Tages stahl ich Mutters Wäscheleine und lief hinaus in den Wald.

Mensch Menschenskind!

Fräulein Schmidt Ich stand unter einem Baum am Waldesrand. Da sah ich einen Hasen mitten auf dem Feld zwischen Hunden und Jägern herumflitzen. Ein Schuss! Röchelnd fiel er um, kam wieder hoch, ein neuer Schuss, wieder fällt er um, kommt wieder hoch, wirft sich in eine Ackerfurche und stellt sich tot, mimt einen Erdklumpen. Die Hunde laufen darüber weg, die Jäger stolpern über ihn, aber er war ein so tüchtiger Schauspieler, dass er sie täuschte und sein Leben rettete.

Mensch Ja so etwas!

Fräulein Schmidt Da brandete eine Welle von Trotz und Lebenshunger in mir auf. Ich warf das Tau von mir, lief heim zur Mutter, fuhr auf der Stelle für mein letztes Geld nach London. Dort nahm ich mein Studium erneut auf, besorgte mir falsche Papiere, einen neuen Namen, ließ mein Gesicht durch eine Operation ändern, mein Haar bleichen, einen Knoten im Nacken, meine Stimmlage wechselte ich, keine Zigarette mehr, kein Chanson mehr. Schnell hatte ich einen Namen als Autorin von Aufsätzen in deutschen Fachzeitschriften.

Mensch Und so kamen Sie als Dozentin hierher zu uns.

Fräulein Schmidt Ja, es glückte mir. Und wie war ich glücklich! Und wie passte ich auf! Und wie war das schwierig! In Vollmondnächten habe ich mich in den Wald hinausgeschlichen und vor den Föhren gesungen. Die standen so ernsthaft da und hörten zu, die wollten noch mehr von mir hören, obwohl ich keine Arierin war. Aber als ich aufhörte, haben sie nicht geklatscht, die deutschen Bäume, und so blieb ich doch ängstlich. Dann kam das Glück mit einem Mal wieder zu mir in der Zusammenarbeit mit Ihnen. Aber im Inneren sagte etwas zu mir: Weißt du auch, was du tust? Du solltest damit Schluss machen. Du weißt doch, dass du kein Recht auf Glücklichsein hast. Du gehörst doch zu Jehovas Volk.

Mensch Recht auf Glück? Jehovas Volk? Wir glauben hier nicht an Götter.

Fräulein Schmidt Und dann kam das, von dem ich ja die ganze Zeit trotz aller Hoffnung und aller Träume geahnt habe, dass es so kommen musste. Als ich alle die Worte hörte, die ich inzwischen längst auswendig kann, obwohl ich früher dachte, ich würde sie nicht überleben, als ich sie aus diesem Mund hörte, da starb ich doch nicht. Nein, denn ihr könnt mich nicht mehr umbringen. Ihr Deutschen redet davon, dass Deutschland gegen eine Welt von Feinden vier Jahre lang standgehalten hat. Aber ich? Ich habe gegen die ganze Welt vier Jahrtausende ausgehalten. Schleppt mich nach Golgota, so oft ihr wollt. Ich erhebe mich vom Tode und stehe wieder auf zu neuem Leiden. Unüberwindlich. Denn Jehova ist der Gott des Lebens. Ja, jetzt habe ich Ihnen alles erzählt und kann gehen.

Mensch Bevor wir uns trennen, Sara Levi ... oder nein, Fräulein Schmidt, nur noch etwas: Fräulein Schmidt, bleiben Sie bitte hier. Wollen Sie mir noch einmal helfen? Wir wollen das Bildnis gemeinsam auspacken. Und wir wollen es gemeinsam ansehen, damit wir es niemals vergessen. Denn morgen soll es dem Führer übergeben werden, wenn er mir den Deutschlandpreis überreicht.

Fräulein Schmidt Haben Sie ihn bekommen! Das freut mich.

Mensch Das wusste ich. Deshalb sollen Sie morgen auch dabei sein.

Fräulein Schmidt Ich? Beim Führer?

Mensch Sie haben mit mir zusammengearbeitet. Deshalb sollen Sie auch Zeugin meines Triumphes sein. Ich werde dafür sorgen, dass ein Platz für Sie reserviert wird nahe bei der Stelle, wo ich stehen werde.

Fräulein Schmidt Sie können Schwierigkeiten bekommen, wenn es herauskommt, dass ich eine Aussätzige bin. Ich wage es nicht, um Ihretwillen.

Mensch Sehen Sie genau auf das Bildnis. Ja, Sie haben recht, das ist er, das ist der Menschensohn. Wir drei werden zusammen beim Führer sein: das Bildnis und Sie und ich. Können Sie das nicht auch so sehen?

Fräulein Schmidt Das Bildnis … und Sie … und ich?

V

In der prachtvollen Aula der Reichsuniversität. Der Führer und führende Männer des Reichs mit ihren Damen

Dorn **(die Urkunde des Deutschlandpreises in der Hand)** ... in Kampf und Kraft: In diesem größten Jahrhundert der tausendjährigen Geschichte unseres Volks, wo durch eine Revolution ohne Verletzung von fremdem Leben und Eigentum und Ehre sich eine Feuerseele in die Herzen von Millionen Volksgenossen eingebrannt hat, so dass für eine Nation, wie es die unsere ist, kein Ziel unerreichbar ist, wenn es sich nur von allem Fremden reinigt und an seine urgermanische Art glaubt. ... In diesem heldenhaften Jahrhundert haben Sie, Herr Professor Mensch, als einer der Ersten hinter dem Führer mitgewirkt, eine Großtat zu schaffen, die unser Volk in seinem eigenen Selbstwertgefühl hob und eine mutwillige Welt in die Kniee zwang vor dem, was deutscher Geist vermag. Wie groß ist meine Freude, Ihnen, Exzellenz, jetzt im Namen meines Führers und des Reiches hohem Adel den Dank des Vaterlands an seinen großen Sohn überreichen zu dürfen!

Heilrufe und Handschlag – Mensch steht ungewöhnlich gerade, nun neigt er sein Haupt und nimmt die dargereichte Urkunde nicht an.

Mensch Mein Führer, Marschälle und Exzellenzen, Kameraden von deutschem Blut. Bevor ich diese stolze Gabe annehme ...

Dorn **(unruhig)** Die Radioübertragung abstellen!

Mensch ... diese stolze Gabe, für die würdig befunden zu sein ich tief bewegt bin. ... Ja, wie war das nun, wie ich mir das gedacht hatte ... ja, so ist es also ... bevor ich ja sagen kann zur Annahme des ...

Dorn Sie haben „Ja!“ gesagt. Der Rundfunk hat es jetzt in aller Welt bekannt gemacht.

Mensch ... Zuvor also verpflichtet mich mein Gewissen zu einer Frage an Sie, mein Führer: Es gibt Vögel, die leben von Aas und werden fett, und es gibt andere, die von dieser Nahrung sterben. Zu welcher Art rechnen Sie, mein Führer, den schönen Vogel der Vaterlandsliebe?

Führer Mein lieber Herr Professor, treuer Sohn meines deutschen Volkes! Es ist Ihnen bekannt, dass mein Leben nur ein Ziel kennt: Deutschland!

Mensch Und wenn es nun geschähe, dass die Wahrheit Ihnen eines Tages in den Weg träte?

Führer Für mich ist das Vaterland die Wahrheit. Wenn auf meinem Weg zu dieser Wahrheit sich irgend eine andere Wahrheit hindernd entgegenstellen will, so schlage ich sie nieder.

Mensch Diese Antwort war klar und stark. Ich danke Ihnen, mein Führer. Dann werde auch ich antworten, wenn auch nicht ebenso klar, doch vielleicht ebenso stark: Hier in meiner Hand halte ich eine Gabe. Ich habe mich einmal fast bis zum Verrücktwerden darüber gefreut, dass ich sie meinem Volk widmen kann. Fast zwei Jahrtausende sind vergangen, seit der letzte Mensch sein Antlitz sah, den der Menschenschlag, der über die Erde herrscht, seinen Gott nennt. Keiner wusste, dass, während er noch lebte, ein Unbekannter ihn auf zerbrechlichem Ton gemalt hat. Mit demütigem Stolz fand ich es in Ordnung, dass dieses Bildnis von ihm, den die Gläubigen die Wahrheit und das Leben nennen, gleichsam die symbolische Krönung des Wiederaufbauwerk des Führers wird. ... Herangetragen von einem deutschen Wissenschaftler ... der Wissenschaft, die vor allem die Wahrheit fordert, unerbittlich in allem ... und deutsch, denn kein Volk steht so im Bunde mit dem Leben wie das gesunde, starke, zuchtvolle deutsche Volk.

(begeisterter Beifall)

Hier habe ich das Bildnis. Und nun habe ich mir gedacht, dass ich die Decke davon wegnehme und es hoch erhebe: Siehe, Deutschland, sieh hier sein Angesicht, ihn, für den du deine Kirchen gebaut hast, und nach dessen Namen du deine Kultur benennst! Aber Angst hat mich ergriffen. Sind wir dessen unwürdig? Ist das Bildnis hier für uns zu gefährlich? Ja, es ist zu gefährlich. Noch immer gilt der Grundsatz, dass es besser sei, wenn einer für das Volk stirbt, als dass das ganze Volk untergeht. Was die rassereine Menge damals gegen diesen Menschen schrie, das müssen wir nun auch. ... Rufen Sie mit, meine Herren: Kreuzige ihn!

Er schmettert die Tonscherben zu Boden. Fräulein Schmidt stößt einen Schrei aus. Der Führer springt auf. Alle erheben sich. Nur Fräulein Schmidt kann es nicht.

Dorn **(gedämpft)** Gut, Mensch, das war recht!

Mensch Nun habe ich meinem Volk mein Opfer dargebracht. Aber ich bin mit der Sache noch nicht fertig. Mächtig lebt noch immer in meinem Herzen, was ich auf dem Steinboden zerschlug. Nun bin ich auch der Menschheit eine Tat schuldig. Hier an meiner Seite sitzt meine tüchtige Mitarbeiterin, der ich nahezu die Hälfte meiner Resultate verdanke. Sie hat den Einfallsreichtum und die Ausdauer des deutschen Geistes, aber sie ist Jüdin

Dorn lässt die Ehrenurkunde fallen.

Ihr Name ist Sara Levi. Ich nehme sie nun zur Frau.

Es entsteht eisige Stille. Man zieht sich zurück. Plötzlich verlässt der Führer mit harten, entschlossenen Schritten den Saal. Alle folgen ihm.

Dorn steht steif da, geht dann mit drohend-brutalem Gesicht ganz nah an die zwei heran. Was wird er tun? Schlagen? Er hält inne, als der Körper von Professor Mensch ihn stoppt. Dann hebt er die Hand hoch:

Dorn Ich gebe Ihnen zwölf Stunden Zeit!

Und wendet sich und verlässt als letzter den Saal.

Sara Levi (zitternd vor Angst und mit leuchtenden Augen) Ernst! Ernst! Ich wusste nicht, dass du so stark bist!

Mensch Hast du mich „Ernst" genannt? Liebe, liebe Sara, so hat mich niemals jemand außer meiner Mutter gerufen.

Sara Levi Ernst!

Mensch Du sollst mir in meinem Alter einen Sohn gebären, Sara, der soll ein guter Deutscher und ein wahrer Mensch werden.

Kaj Munk, der Jude Jesus von Nazareth, die Judenverfolgung durch den NS-Staat und das „Schmelztiegel-Lied“ [2]

Es kommt der große Meister, das Herz von Liebe heiß,
er sitzt am Schmelzertiegel und läutert das Silber mit Fleiß.

Er wartet voller Liebe und weiß, es wird geschehn,
dass er sein eignes Bildnis im Silberspiegel kann sehn.

Es kommt der große Meister, der ins Verborgne schaut;
er blickt tief in die Herzen der Menschen, auf die er baut.

Und hat in Herzenstiefe sein Bild er klar gesehn,
dann freut sich der hohe Meister, dann ist sein Werk schon geschehn.

Das „Schmelztiegellied“ - ein Choral im Gesangbuch der dänischen lutherischen Staatskirche *Den Danske Salmebog.* Bernhard Severin Ingemann (1789-1862) dichtete ihn im Jahre 1841.[3] Zu seinem Lied wurde er von einer Aussage des Propheten Maleachi (3,2-3) inspiriert. Am Tag des Gerichts Gottes, der mit einem Feuersturm beginnt, findet ein Läuterungsprozess statt, wie wenn Erz geschmolzen wird, sagt der Prophet. Die dänischen Kinder lernten den Choral damals schon in den ersten Schuljahren, darum kannte jeder in dem 4,5 -Millionen-Volk dieses Lied; es wurde viel und gern gesungen. 1938 wählte der Dichter-Pfarrer Kaj Munk [4] eine Zeile aus Inge-

2 Der Aufsatz erschien zuerst im Deutschen Pfarrerblatt, 1/2014. S. 14-20.

3 Den Danske Salmebog Nr. 612. Zwei Melodien sind angegeben, die von I.P.E. Hartmann von 1873 – diese romantische Weise wird im Allgemeinen gesungen – und die herbe, in Moll gehaltene Melodie von C.C. Hoffmann von 1876. Auch im Liederbuch der dänischen Volkshochschulen – Folkehøjskolens Sangbog, 16. Ausgabe von 1986 – findet man diesen Choral unter der Nummer 130 mit der Melodie von Hartmann.

4 Zu dem dänischen Dichterpfarrer: Paul Gerhard Schoenborn, Alphabete der Nachfolge – Märtyrer des politischen Christus, Peter Hammer Verlag, Wuppertal 1996, S. 48-78 und: Ders., Kaj Munk, der politische Pfarrer und Dichter, den die SS erschoss, NordPark Verlag Wuppertal, 2014.

manns erster Strophe als Titel seines Schauspiels: „Er sitzt am Schmelztiegel". Munk schrieb aber nicht ein erbauliches, wie man bei seinem Pfarrerberuf vielleicht sogar annehmen könnte, »missionarisches« Theaterstück, obwohl es für ihn darin auch um das Wichtigste im Christentum, um Jesus Christus selbst, geht, sondern ein existentiell-politisches »Warnstück« (Arnim Juhre). Munk äußerte sich im Programmheft des „Schmelztiegels" so:

„Die Erde brennt. Es gibt Zeiten in der Geschichte der Menschheit, da ist es möglich, das zu vergessen, aber unsere Zeit ist nicht eine solche. Mindestens sieben Tage in der Woche werden wir daran erinnert, dass wir in ein glühendes und brodelndes Feuer geworfen sind. Sind es die Flammen des Untergangs, die um uns her lodern? Wir wissen es nicht. Oft presst sich unser Herz zusammen aus Angst davor. Aber unser christlicher Glaube sagt, das Feuer um uns herum gehöre zu dem Schmelztiegel. Der Glaube kann es nicht beweisen und macht auch keinen Versuch dazu. Er gibt nur weiter, was ihm zugesagt wurde. Die Erde befindet sich im Schmelztiegel.

Der christliche Gott ist ein großer Gott. Er ist so groß, dass er sich nicht mit weniger zufrieden gibt, als dass er auch noch einen Gott als Heizer in seiner Werkstatt beschäftigt. Es ist der Gott in der Hölle, der Kohlen unter Gottes Schmelztiegel schaufeln muss. Deswegen ist die Hitze so fürchterlich. Aber das muss wohl so sein, damit der Schmelzvorgang und die Läuterung glücken.

Wird die Läuterung glücken? Was wissen wir Menschen schon? Eine Explosion kann alles in die Luft jagen. Oder es bleiben nur Schlacke und Asche übrig. Das Christentum verdrängt nicht die Spannungen des Lebens. Es ist die Religion des Dramatischen.

Aber es behauptet auch, dass es einen Sinn in diesem so scheinbar Sinnlosen gibt, dem Schrecken des Weltenbrandes. Und es dichtet einen Hoffnungstraum von einem Ausgang zu ›einem neuen Himmel und einer neuen Erde, in denen Gerechtigkeit wohnt‹." [5]

Munks Worte aus dem Jahre 1938 zeigen, wie dramatisch er in diesen Jahren die Weltlage einschätzte. Für Optimismus im Fortgang der Geschichte findet er keine Anhaltspunkte. Er sieht vielmehr zerstörerische Kräfte in Politik

5 Kaj Munk, Mindeudgave, Nyt Nordisk Forlag Arnold Busk København 1948 und 1949, Bd.: »Dagen er inde og andre Artikler«, S. 48 – Übersetzung von PGSch.

und Gesellschaft am Werk. Sein christlicher Glaube gebietet ihm aber, das Vertrauen allein auf den Herrn der Geschichte zu setzen angesichts der starken Männer, die – koste es auch noch so viele Menschenopfer – die Weltgeschichte neu schreiben wollten. Seine christliche Hoffnung wird genährt durch den „Hoffnungstraum" der Verheißung, dass die Geschichte trotz allem dennoch zuläuft auf „einen neuen Himmel und eine neue Erde, in denen Gerechtigkeit wohnt." Gott, der große Schmelzermeister, läutert das Erz der Menschenherzen in der Schmelzpfanne der politischen Ereignisse; und der Teufel muss Gott dabei dienen und einheizen!

Zweifellos hat Munk gut verstanden, was Ingemanns Choral ausdrückt. Aber er hat ihn erheblich radikalisiert, indem er den Läuterungsprozess in den Rahmen politischer, weltgeschichtlicher Vorgänge stellt, die das Herz des mitleidsfähigen, sensiblen Einzelnen vor Angst zusammenpressen. Prophetie im Jahre 1938! Was der Titel des Theaterstücks mit seinem Inhalt zu tun hat, dies herauszufinden überlässt Munk denen, die sich damit auseinandersetzen. Ein expliziter Hinweis findet sich im Stück selbst nicht. Wie Bonhoeffer setzt Munk auf die Mündigkeit heutiger Menschen.

Anstöße durch Munks Schauspiel

„Er sitzt am Schmelztiegel" [6] hat die Verfolgung der deutschen Juden im Hitlerdeutschland zum Thema und rechnet mit dem vergeblichen Versuch einiger Gelehrter an deutschen Universitäten ab, Jesus aus Galiläa zu einem Arier zu machen. Eine der beiden Hauptpersonen in dem Schauspiel, der Archäologieprofessor Mensch, entdeckt ein zeitgenössisches Bildnis des Mannes aus Nazaret, das eindeutig beweist, dass Jesus Jude war.

Munk stellte das Stück, noch bevor sich die Dänen mit der Theaterproduktion auseinandersetzen konnten, in zahlreichen öffentlichen Lesungen zur Diskussion, einmal in Kopenhagen vor 5000 Zuhörern. Gerda Christophersen führte mit ihrem Tourneetheater das Schauspiel auch in Nordschleswig auf. Die deutsche Minderheit reagierte empört. In Apenrade kam es zu

6 Zur Entstehung des Schauspiels vgl. Marc Auchet, De lollanske Stjerner – Kaj Munks Forfatterskab set på Baggrund af hans Liv, C.A. Reitzel Forlag København 1997, S. 245-265.

öffentlichen Protesten. Die Deutsche Jungenschaft Nordschleswig verteilte vor dem Theatergebäude ein Flugblatt, in dem es hieß: „*Das Stück, das sich durch seine Oberflächlichkeit und Unwissenheit der Behandlung der Rassenfrage auszeichnet, stellt eine ungeheuere Verunglimpfung des Dritten Reiches dar. ... Wie lange soll sich die Grenzlandbevölkerung damit abfinden, dass Kaj Munks Stück, welches das Staatsoberhaupt des Deutschen Reiches verhöhnt, in Nordschleswig aufgeführt wird.*“ Daraufhin untersagten die dänischen Behörden eine weitere Aufführung in Sønderborg; man befürchtete Konflikte mit Hitlerdeutschland. Auch eine 1938 in London geplante Aufführung wurde verhindert, „ ... lest feelings might be hurt at Berchtesgaden.“ [7]

Bis zum Beginn des 2. Weltkriegs sahen jedoch mehr als 160.000 dänische Zuschauer in fast allen größeren Städten den »Schmelztiegel«. Sie wurden dabei mit absurden Hasstiraden eines deutschen Kulturfunktionärs konfrontiert – man meint, ein wörtliches Zitat aus dem NS-Hetzblatt „Der Stürmer“ zu vernehmen:

„*Die Juden – der Kehricht im Rinnstein der Völker! Vaterlandslose Gesellen, die uns hassen, die wir ein Vaterland haben, diese aus allem Zusammenhang Herausgerissenen, die bar jeden Glaubens, bar aller Ideale sind, sie haben ihren widerlichen Zusammenhalt wie Ratten mit Krebsgeschwüren, denen die Schwänze zusammengewachsen sind. Alles Unglück stammt von ihnen: die Geldgier der Männer, die Liederlichkeit der Frauen, die Auflösung der Familien.*“

Dem entgegnet in dem Stück ein deutscher Bischof ironisch, dann seien wohl auch die Juden daran schuld, wenn es regne und seine Frau die Wäsche nicht trocknen könne. Und dann sagt er ernst:

„*Ein Jude hat meinen deutschen Mund gelehrt, jeden Morgen und jeden Abend zu sprechen: ›Vergib uns unsere Schuld, wie wir vergeben unseren Schuldigern.‹ Geben Sie so, in christlichem Sinn, Lebensrecht für dieses Volk in unserem Volk. Denn die Menschenrechte anderen Menschen wegnehmen heißt, sich selbst zum Verbrecher zu machen.*“

Die deutsche jüdische Archäologin Sarah Levi, die unter falscher, arischer

7 R.P. Keigwin, Kaj Munk – Playwright, Priest and Patriot, The Free Danish Publishing Company London 1944, S.9.

Identität als Privatdozentin Schmidt an der Berliner Universität arbeitet, tröstet ihren verfolgten Bruder, der sich trotz der Verfolgung nur als Deutscher verstehen kann:
„*Die Verzweiflung hat Tausenden und Abertausenden unserer Landsleute zugemutet, während dieses Jahrhunderts auszuwandern. So können wir es auch machen, wenn unser Tag kommt. ... Ja, wir sind Deutsche. Aber wenn wir nicht mehr länger das Recht haben, es zu sein, so ist es gut, wenn es eine andere Nation gibt, in der wir Heimatrecht bekommen. Und das ist die jüdische. Und weißt du, was die jüdische Nation ist? Ich habe es von Jeremias gelernt – ja, ich habe angefangen die Propheten zu lesen – dass es die leidende ist. Alle unverschuldet Leidenden dieser Erde und alle selbstverschuldet leidenden Menschen dieser Erde – wir alle gehören zu Jehovas Volk.*« Ihrem Chef, Professor Mensch, hält sie vor: »*Ihr Deutschen redet davon, dass Deutschland gegen eine Welt von Feinden vier Jahre lang ausgehalten habe. Aber ich? Ich habe gegen die ganze Welt vier Jahrtausende ausgehalten. Schleppt mich nach Golgatha, so oft ihr wollt. Ich erhebe mich vom Tode und stehe wieder auf zu neuem Leiden. Unüberwindlich. Denn Jehova ist der Gott des Lebens.*“
Der Archäologieprofessor Mensch, ein auf seine Studien konzentrierter, unpolitischer Gelehrter, Antisemit, wie damals die Mehrzahl der Deutschen, zerstört am Ende das tönerne Bildnis des Juden Jesus vor den Augen Hitlers. Es war eine archäologische Sensation gewesen, seine Ausgrabung und Identifizierung einer authentischen zeitgenössischen Abbildung des Mannes aus Nazareth, der darauf eindeutig semitische Züge trägt. Er opfert seinen Fund, auf den er so stolz war, der rassistischen Staatsraison, die auch die deutsche Wissenschaft prägt. Aber er kommt von der Realität und Humanität Jesu nicht los. Dem Führer und den Nürnberger Rassegesetzen von 1935 zum Trotz gibt er bekannt, dass er seine Mitarbeiterin, die Jüdin Sarah Levi, heiraten wird. Ein überaus wirkungsvoller, überraschender Schluss. Die letzte Replik des Dramas ist ein regelrechter Schlag gegen diese aller Humanität Hohn sprechenden Gesetzgebung:
„**Mensch** *Du sollst mir in meinem Alter einen Sohn gebären, Sara, der soll ein guter Deutscher und ein wahrer Mensch werden.*“ Ein guter Deutscher, ein wahrer Mensch – und als Sohn einer jüdischen Mutter ein Jude!

Für Munk lebt und wirkt der Jude Jesus in Menschenherzen weiter, auch wenn man sein Bildnis zerstören und die historische Wahrheit über ihn verfälschen will. Er macht schwächliche Personen wie diesen Professor Mensch zu wahren Menschen, wenn sie es wagen, Menschlichkeit zu üben. Die Probe aufs Exempel wäre, den verfolgten Juden in Deutschland endlich die vollen Menschenrechte zu gewähren. Im Übrigen haben sie Recht auf ein eigenes Land. Israel soll und wird weiterleben.

Dass Munk sein Drama als Aufruf verstand, etwas gegen die Judenverfolgungen zu tun, zeigte gleich seine erste öffentliche Lesung nach Erscheinen des Texthefts. Ole Palsbo, ein Theaterkritiker, nahm am 9. April 1938 an der Veranstaltung in der Kopenhagener Studentenvereinigung teil. Für ihn war das Stück Munks persönliche Abrechnung mit dem Nazismus. Minister Dorn habe alles das repräsentiert, was Munk am deutschen Nationalsozialismus verabscheute: die fanatische Rassentheorie, die Verherrlichung der arischen Rasse, die Judenverfolgungen und die Verfälschung des christlichen Glaubens in eine germanische Religion. Auf die standing ovations, mit denen die Versammlung Munk stürmisch applaudierte habe, sei dessen energische Antwort gewesen: „Danke sehr! Hoffentlich werden Sie sich nicht mit Klatschen begnügen!“ [8]

Man mache sich klar, was es bedeutet, dass 160.000 von 4,5 Millionen Dänen dieses Theaterstück auf sich wirken ließen und miteinander darüber diskutierten, zu einer Zeit, als es noch nicht solche emotionalisierenden Massenmedien wie heute gab. Dann kann man ermessen, welchen Einfluss die prophetische Botschaft Munks in der Judenfrage auf die dänische Öffentlichkeit hatte und welches Resistenzpotential sich dadurch in der Bevölkerung aufbaute,[9] sodass die Dänen später, im Jahre 1943, als ihre jüdischen Mitbürger in die Vernichtungslager abtransportiert werden sollten, sich geschlossen vor sie stellten und sie vor dem Holocaust retteten.

8 Nach: Per Stig Møller, Munk, Gyldendal – Nordisk Forlag, Kopenhagen 2000, S. 209.

9 Zur Wirkungsgeschichte des »Schmelztiegel« in den Jahren 1938 und 1939 vgl. Bjarne Nielsen Brovst, Kaj Munk og den stærke Mand, Centrum Aarhus 1992, S. 357-416; ferner: Per Stig Møller, Munk, Gyldendal – Nordisk Forlag, Kopenhagen 2000, S. 208-214.

Munks Bekenntnis zu dem Juden Jesus

Munks „Schmelztiegel" steht in der Linie seiner anderen Interventionen, mit denen er seine Landsleute sensibilisierte für die inhumanen, allen christlichen Werten Hohn sprechenden Judenverfolgungen im großen Nachbarland Deutschland. In den 30er Jahren war der Dichter-Pfarrer auch vielbeachteter Kolumnist in allen großen dänischen Tageszeitungen. Als junger Mann hatte er sich öffentlich kritisch zur parlamentarischen Demokratie geäußert und aus seiner Bewunderung für Mussolini keinen Hehl gemacht, was sich nach dem Überfall Italiens auf Abessinien schlagartig ins Gegenteil verkehrte. Hitler hatte er seit dessen Machtübernahme kritisch beurteilt wegen der Terrorisierung der Juden. Das Rassedenken der Nationalsozialisten erschien ihm absurd. In vielen Artikeln polemisierte er gegen die Vergöttlichung der nordischen Rasse, gegen die Messianisierung Hitlers und gegen die Irrlehren der Glaubensbewegung Deutsche Christen.

Am 29. November 1936 veröffentlichte er in „Jyllands-Posten" eine scharfe, ironische Auseinandersetzung mit dem Buch des deutschen Erfolgsautors Gustav Frenssen [10] „Der Glaube der Nordmark", dessen dänische Übersetzung gerade erschienen war. Er überschrieb sie: „Das christenfeindliche Deutschland".[11] Zu Beginn betont er: dass selbstverständlich nicht alle Deutschen Feinde Christi seien, sei ihm bewusst. Aber er müsse Stellung beziehen zu einer gefährlichen Entwicklung in Deutschland, die ihn schmerze. So kommentiert er zunächst die merkwürdige Verherrlichung der nordischen Rasse in Hitler-Deutschland:

„Für uns Nordländer ist die deutsche Apotheose des Nordischen etwas Unerträgliches. Wir fragen mit spöttischem Lächeln, ob der Ariergeist etwas so Hervorragendes sein kann, da er sich fünfzehn Jahrhunderte lang von einem grünen Jungen wie Jehova tyrannisieren ließ. Wir zweifeln an der Kraft des deutschen Blutes, wenn wir hören, dass es ganz und gar verdorben sein soll bei einem Individuum, bei dessen Großmutter es vermutlich ein wenig nichtarischen Zusatz hatte. ... Und wir sind höchst erstaunt darüber, dass ein

10 Zu Frenssen: Rainer Lächele, Germanisiertes Christentum – Der Bestseller-Autor Gustav Frenssen, in: Evangelische Kommentare 2/1997, S. 107-109.

11 Kaj Munk, Mindeudgave, Bd.: „En Digters Vej og andre Artikler", S. 271-276.

so stolzer und erhabener Stamm wie der germanische einen Bund mit den Italienern und Japanern suchen muss, um sich in der Welt zu behaupten. Schließlich notieren wir, dass ein germanisches Volk die Erde regiert, aber nicht das deutsche, sondern das englische, das es sich immer leisten konnte, auf eine Betonung der eigenen Vortrefflichkeit zu verzichten, und es nie nötig hat, sich einen pfarramtlichen Ausweis über die Abstammung der Großmutter zu beschaffen."

Und dann rechnet Munk mit dem Versuch Frenssens ab, die unauflösliche Verbindung zwischen Israel und den Christen, zwischen dem christlichen Gottesglauben und dem Juden Jesus von Nazareth wegzuinterpretieren:

„Was ist das Zentrale im Christentum? Nicht Golgatha, nicht der Versöhnungstod, nicht die Dreieinigkeit, nicht die Vergebung der Sünden, nicht die Jungfrauengeburt, nicht das Abendmahl. Das Zentrale im Christentum ist Jesus. Nicht weniger, nein, aber wahrhaftig auch nicht mehr. ... Aber dieser Jesus war Nicht-Arier! Das müssen wir in der Tat zugeben. Als Gott seinen Sohn geboren werden ließ, konnte er dafür kein Herrenvolk mit der Anlage zum Größenwahn gebrauchen. Es ist groß, Arier zu sein, aber es ist doch noch größer, Mensch zu sein. ... Jesus war ein Jude, und ›Sohn Davids‹ und ›Sohn des Menschen‹ waren die zwei Würdenamen, die er so souverän miteinander vereinen konnte, dass zweitausend Jahre davor gekniet haben." [12]

Zu dem Juden Jesus hat Kaj Munk sich auch sonst deutlich bekannt. Gerade dieser Jude war Kern und Stern seines Glaubens,[13] seiner Predigten,[14] seiner politischen Kommentare und seiner Dichtkunst.[15] Als die „Schleswig-Holsteinische Landeszeitung" 1936 gegen Munk polemisierte, sein „Geschmiere stünde jüdischen Schmierereien nicht nach", und er von seinem Bischof auf dem Dienstwege aufgefordert wurde, zu den Anwürfen Stellung zu nehmen, schrieb er sarkastisch zurück:

„Ich bin ein geborener Petersen (den Nachnamen Munk erhielt er von seinen

12 Ebd., S. 274f.

13 Alfred Otto Schwede, Verankert im Unsichtbaren. Das Leben Kaj Munks, Evangelische Verlagsanstalt Berlin, 2. Aufl. 1971.

14 Christian Eisenberg, Die politische Predigt Kaj Munks, Verlag Peter D. Lang Frankfurt/M., Bern, Cirenchester/UK 1980, bes. 65-75.

15 Ebbe Neergaard, Kaj Munk – Ein Dichter zwischen zwei Weltkriegen, (Übersetzung: Maria Bachmann-Isler), Artemis Verlag Zürich 1945.

Adoptiveltern Marie und Peter Munk, Verwandten seiner Eltern Carl Emanuel und Ana Mathilde Petersen, die früh verstarben) *und alles an mir ist, soweit ich es übersehe, ›nordisch‹. Nun aber wird mir also aus Deutschland mitgeteilt, dass der munksche Geist jüdischer Asphaltliteratur gleichkomme, von diesem Deutschland, das sich – mit Herrn Streicher an der Spitze – in Ausdrücken gefällt, für die ›Lokusschmierereien‹ noch ein zahmer Ausdruck ist. Von einem gewissen Zimmermann – Gott verzeih ihm, er war nur ein Jude! – habe ich das Asphalt-Auftreten gelernt, und weiter, dass es beim Kampf um den Geist in vielerlei Fällen unvorsichtig, herausfordernd und verletzend aufzutreten gilt, so dass man sowohl von denen missverstanden werden kann, denen Gott das Verständnis verwehrt hat, wie auch von denen, die der Teufel mit gutem Willen zum Missverständnis ausgestattet hat. In dieser Lehre gedenke ich zu verharren – in seiner Kirche – und auch außerhalb dieser, wenn es den darin Etablierten eines schönen Tages gefallen sollte, mich hinauszuwerfen.*“[16]
Am 17. November 1938 – eine Woche nach dem reichsweiten Pogrom in Deutschland, erschien in der „Jyllands-Posten“ Munks offener Brief an Mussolini.[17] Darin bat er ihn, Hitler von den Judenverfolgungen abzubringen, sie seien eines großen Kulturvolkes unwürdig. Ferner ersuchte er ihn, sich an die Spitze einer weltweiten Bewegung zu stellen, den Juden in Palästina zu einem eigenen Staat zu verhelfen. Der eigentliche Adressat des Textes war indes die dänische Öffentlichkeit. Munk artikulierte nicht nur den Abscheu der Mehrzahl der Dänen gegenüber der „Reichskristallnacht“, sondern er benannte eine damals oft diskutierte, in der Folge des Holocaust tatsächlich realisierte politische Lösung: Die Juden sollen in Würde und Sicherheit wieder Heimatrecht in Palästina bekommen. Dass Munks offener Brief heftig in der dänischen Presse diskutiert und Gegenstand zahlreicher Karikaturen wurde, beweist, dass seine Botschaft die Dänen erreicht hatte.

16 Niels Nøjgaard, Ordets Dyst og Daad – Kaj Munks Levnedløb og Personlighed, Nyt Nordisk Forlag Arnold Busck København 1946, S. 295.
17 Kaj Munk, Mindeudgave, Bd.: »Dagen er inde og andre Artikler«, S. 67-69.

Die dänischen Juden bis zum Einmarsch der Deutschen [18]

Dänemarks Bevölkerung zur Zeit des 2. Weltkriegs betrug 4,5 Mio. Menschen. Vor dem Krieg lebten ungefähr 6000 Juden in Dänemark. Zu Beginn des Jahrhunderts waren genau 3476 Juden registriert. Der größte Teil von ihnen wohnte im Großraum Kopenhagen. Während der russischen Revolution kamen 3146 jüdische Flüchtlinge ins Land. Sie belebten die jüdische Gemeinde und arbeiteten meist als strebsame kleine Handwerker, Kleinkaufleute oder Angestellte. Die Juden waren seit 1814 voll anerkannte, in die Gesellschaft integrierte dänische Staatsbürger.

Seit 1933 kamen etwa 4500 jüdische Flüchtlinge ins Land, vor allem aus Deutschland, von denen rund 1500 im Land blieben. Der größte Teil derer, die weiterzogen, waren junge Leute, die ein Jahr lang in der Landwirtschaft ausgebildet wurden, dort wegen ihres Eifers und ihrer bescheidenen Höflichkeit hoch angesehen waren und dann nach Palästina gingen, um sich in den dortigen jüdischen Siedlungsprojekten zu engagieren.

Die Zahl derer, die der politisch unbedeutenden dänischen nationalsozialistischen Partei angehörten – sie spielte fast nur in Nordschleswig eine Rolle – war kleiner als die Zahl der dänischen Juden. Vereinzelt, nur als Ausnahme, gab es auch antisemitische Äußerungen im Dänemark der 30er Jahre. Hingegen: Als Reflex auf die »Reichskristallnacht« im großen deutschen Nachbarvolk und ohne die übliche außenpolitische Rücksichtnahme verabschiedete das dänische Parlament im Jahre 1939 eine Ergänzung zum dänischen Strafgesetzbuch. Darin heißt es, dass jeder mit Gefängnis bestraft wird, der gegen irgendeinen Teil der dänischen Bevölkerung wegen dessen

18 Zum Thema »Rettung der dänischen Juden samt deren Vorgeschichte« vgl. Jørgen Glenthøj, The Little Dunkerque: The Danish Rescue of the Jews in Oct. 1943, in: Michael D. Ryon (Ed.), Human Responses to the Holocaust: Perpetrators and Victims, Bystanders and Resisters, Papers of the 1979 Bernhard E. Olson Scholars' Conference on the Church Struggle and the Holocaust, The Edwin Mellem Press New York and Toronto 1980, S. 93-119; ferner: Königlich Dänisches Ministerium des Äußeren und das Museum des dänischen Widerstandes 1940-1945 (Hg.), Oktober 1943: Die dänischen Juden – Rettung vor der Vernichtung, Kopenhagen 1993, 12ff; ferner: Südd. Zeitung 2./3. Oktober 1993, S. 9, »Stiller Volksaufstand gegen den Holocaust«; ferner Jørgen Kieler, Dänischer Widerstand gegen den Nationalsozialismus, Offizin-Verlag, Hannover 2011; Bo Lidegaard, Landsmænd – De danske jøders flugt i oktober 1943, Politikens Forlag Kopenhagen 2013, deutsch: Bo Lidegaard, Die Ausnahme, München 2013.

Religion, Abstammung oder Herkunft durch übles Nachreden oder falsche Behauptungen Hetze betreibt.[19]

Am 9. April 1940 überfielen deutsche Truppen das Land unter Bruch eines im Jahr zuvor geschlossenen Nichtangriffspaktes. Die dänische Regierung befahl nach kurzem militärischem Widerstand die Einstellung von Kampfhandlungen und arrangierte sich mit dem Aggressor. Dänemark erhielt daher unter den von Deutschen besetzten Ländern zunächst einen Sonderstatus: König und Regierung blieben im Amt, alle Behörden arbeiteten weiter wie bisher, die dänische Armee und die dänische Polizei taten weiterhin Dienst. Es gab sogar noch am 23. März 1943 Wahlen zum Folketing.[20]

Das Land blieb – unter Oberaufsicht des Auswärtigen Amtes in Berlin – formal ein autonomer Staat und galt bei den Deutschen als »Musterprotektorat«, das sich selbst verwaltete. Ein befriedetes Dänemark war für die deutsche Kriegswirtschaft sehr wichtig. Das Agrarland wurde zu einem der wichtigsten Nahrungsmittellieferanten für Deutschland im Kriege, die dänischen Werften wurden als Reparaturstätten für die deutsche Flotte notwendig gebraucht, der Weg der schwedischen Erzlieferungen für die deutsche Rüstungsindustrie blieb offen.

Bis zum August 1943 dauerte diese Periode an, aus der beide Seiten Nutzen zogen. Die Dänen sprechen heute von dieser Phase als der „Verhandlungszeit“, kritische Dänen freilich von Kollaboration. Schikanierung oder Verfolgungen der dänischen Juden durch die Deutschen während dieser Zeit hätten zum Rücktritt der Regierung, zu Unruhen im Lande und zur Gefährdung der Lieferungen nach Deutschland geführt. Sie unterblieben daher völlig. So unterblieb 1941 auch die Durchführung der Judensternverordnung.[21] Selbst der Führer der dänischen NS, Frits Clausen, äußerte,

19 Jørgen Glenthøj, a.a.O., S. 94.

20 Dazu: Johan Hvidtfeld/Ib Koch-Olsen/Axel Steenberg, Dänemark im 2. Weltkrieg – Die deutsche Besetzung 1940-1945, Kopenhagen 1950/51, 45-48.

21 Dass König Christian X. androhte, auch er und die Minister seiner Regierung würden den Judenstern tragen, falls die entsprechende Verordnung nicht zurückgenommen werde, ist wohl nur eine Legende, bewahrt aber einen richtigen Kern. Das Diktum lässt sich – so Jørgen Glenthøj – nicht durch einen Zeugen oder ein Dokument belegen; vgl. Jørgen Glenthøj, a.a.O.,S. 98. Es war im ganzen Land bekannt, dass König Christian X. sich seit dem Einfall der Deutschen eindeutig vor die dänischen Juden stellte. Kurz vor der deutschen Judenaktion am 1./2. Oktober 1943 richtete er ein scharfes Schreiben über den Reichsbevollmäch-

dass Zehntausende arischer Dänen protestieren würden, wenn dänische Juden den Judenstern tragen müssten, und riet davon ab.[22] Die dänischen Juden verhielten sich im Übrigen unauffällig und fühlten sich relativ sicher.

Die Rettung der dänischen Juden

Nach einer Welle von Sabotageakten der Freiheitskämpfer und um den Generalstreik in mehreren Großstädten gewaltsam zu beenden, wurde am 29. August 1943 der militärische Ausnahmezustand über Dänemark verhängt; die dänische Armee und die Polizei wurden entwaffnet und interniert. Daraufhin trat die dänische Regierung zurück. Die dänische Flotte entzog sich der Übergabe an die Deutschen durch Selbstversenkung. Für die meisten Dänen waren die Fronten endlich klar: Es herrschte Krieg zwischen Dänemark und Deutschland, die Phase der Kollaboration war vorbei. Munk bezeichnete in einer Predigt am 29. August 1943 diesen Tag als einen stolzen Tag für Dänemark.[23]

Die deutsche Staatsführung, Hitler, Himmler und Ribbentrop und der zeitweilig entmachtete Bevollmächtigte des deutschen Reiches in Dänemark, Dr. Werner Best,[24] wollten diese Situation für die bislang aufgeschobene Eliminierung der dänischen Judenschaft nutzen. Dänemark sollte endlich mit Gewalt »judenfrei« gemacht werden, solange der Ausnahmezustand andauerte. Best machte dazu detaillierte Vorschläge in Berlin, erbat zusätz-

tigten Dr. Best an den deutschen Außenminister Ribbentrop. Darin heißt es: „Nachdem mir bekannt geworden ist, wonach man deutscherseits beabsichtigt, Schritte gegen die Juden in Dänemark zu unternehmen, ist es mir, nicht nur aus menschlicher Sorge für die Bürger meines Landes, sondern auch aus Furcht vor den weiteren Konsequenzen in den künftigen Beziehungen zwischen Dänemark und Deutschland, sehr daran gelegen, Ihnen gegenüber hervorzuheben, dass Sondermaßnahmen gegen eine Gruppe von Menschen, die seit mehr als 100 Jahren die vollen bürgerlichen Rechte in Dänemark genießen, die schwersten Folgen haben könnten.“

22 Jørgen Glenthøj, a.a.O., S. 98.

23 Kaj Munk, Mindeudgave, Bd.: »Prædikener«, S. 345.

24 Zur Rolle von Best vgl. Ulrich Herbert, Best – Biographische Studien über Radikalismus, Weltanschauung und Vernunft 1903-1989, Verlag J.H.W. Dietz Nachfolger Bonn, 2. Aufl. 1996, bes. S. 323-434; ferner Siegfried Matlok (Hg.), Dänemark in Hitlers Hand. Der Bericht des Reichsbevollmächtigten Werner Best über seine Besatzungspolitik in Dänemark, Husum-Verlag Husum 1988.

liche Polizeikräfte und ein großes Schiff zum Abtransport der dänischen Juden über die Ostsee, wies aber auch auf die Schwierigkeiten der Aktion, den zu erwartenden Protest der Bevölkerung, die schwachen eigenen Sicherheitskräfte, die Gefährdung der Lebensmittellieferungen nach Deutschland hin. Als Termin der Aktion wurde die Nacht vom 1. zum 2. Oktober 1943 festgesetzt. Die Führung der deutschen Besatzungsarmee in Dänemark riet wegen der zu erwartenden Unruhen grundsätzlich ab.

Mit Wissen Bests (!) informierte der Marinesachverständige der deutschen Botschaft in Kopenhagen, Georg Ferdinand Duckwitz,[25] rechtzeitig dänische Politiker und Repräsentanten der Freiheitsbewegung über den Termin der Aktion. Diese verständigten sofort die jüdische Gemeinde in Kopenhagen und die dänischen lutherischen Bischöfe. Dänemark war alarmiert! Sogleich tauchten fast alle dänischen Juden unter. Sie wurden in Krankenhäusern, Kirchen, Gemeindehäusern usw. im Lande versteckt und größtenteils bei Nacht und Nebel unter abenteuerlichen Verhältnissen mit allen möglichen kleinen Seefahrzeugen über die Ostsee nach Schweden gebracht. Zigtausende Dänen beteiligten sich an diesen Untergrundaktionen, die längere Zeit anhielten. Die dänischen Freiheitskämpfer sprachen – voll Spott gegenüber dem Lebensmittelexport der Kollaborateure – von „Judenexport". Es gab allerdings auch Tragödien wie die Verhaftung von 80 Juden am 6. Oktober, die auf dem Boden des Dachs der Kirche von Gilleleije auf Seeland versteckt worden waren.

Die schwedische Regierung erklärte sich über Radio – damit war die Sache öffentlich – zur Aufnahme sämtlicher ins Land strömenden jüdischen Flüchtlinge bereit. Das war ein Erfolg von Bemühungen des Atomphysikers Niels Bohr, der aus dänisch-jüdischem Milieu stammte und sich zu der Zeit in Schweden aufhielt. Es ging aber auch auf Verhandlungen zurück, die Duckwitz – mit Wissen Bests – mit schwedischen Behörden führte. Fraglos haben sich sowohl Best als auch Duckwitz über persönliche Direktiven Hitlers hinweggesetzt. Das hätte ihren Kopf kosten können. Best hat sich nach 1945 vor Gericht in Kopenhagen damit in ein gutes Licht gesetzt, dass er

25 Zu Rolle und Bedeutung von Duckwitz vgl. Johannes Dose, Georg Ferdinand Duckwitz in Dänemark 1943-1945, 2. erw. Aufl., Reihe: Berichte und Dokumentationen, hg. vom Auswärtigem Amt, Bonn 1992.

erklärte, er habe das Leben der dänischen Juden retten wollen. Tatsächlich hat er 1943, als die Verhaftung der Juden in der Beurteilung der deutschen Führung in Berlin als großer Fehlschlag gewertet wurde, einem Beamten des Auswärtigen Amtes erklärt, die Aktion sei im Endeffekt sehr erfolgreich gewesen, denn Dänemark sei jetzt völlig „entjudet".[26]

Die Haltung der dänischen Kirche zur Judenfrage

Die Empörung über die Durchführung der „Judenaktion" markierte im besetzten Dänemark den Übergang von passivem zu aktivem Widerstand eines größeren Teils der Bevölkerung. Am 29. September 1943 ließen die Bischöfe der dänischen lutherischen Staatskirche den Vertretern der Besatzungsmacht durch die dänische Regierung eine Protesterklärung übergeben.[27] Ihr Text

26 Ulrich Herbert, Best, Kapitel »Forschung und Legenden«, 368-373, bes. 370 – Aktennotiz von F.-A. Six über ein Gespräch mit Best vom 25.10.1943. Es sprengt den Rahmen dieser Arbeit, Bests Rolle im Dritten Reich und im Nachkriegsdeutschland in einem längeren Exkurs nachzuzeichnen. Hier nur soviel: Best war einer der willigen juristischen Helfer Hitlers; so hat er 1934 die Tötungslisten anlässlich der Niederschlagung der sog. Röhmrevolte aufgestellt. Er war später einer der fähigsten Mitarbeiter Himmlers, u.a. als Personalchef der berüchtigten Einsatzgruppen im Osten. Er hat keineswegs aus humanitären Gründen, sondern aus taktischen und politischen Erwägungen – vor allem, um die Lebensmittellieferungen nicht zu gefährden – die dänischen Juden entkommen lassen. Er fühlte sich Hitler als politischer Gestalter überlegen. Der Führer wies Best in dieser Zeit einmal wütend aus dem Zimmer – »Raus! Sofort raus!« – weil dieser ihm ins Angesicht widersprach. Darum riskierte Best, Hitlers Anweisung, die dänischen Juden seien zu eliminieren, nicht auszuführen, sondern er drängte sie durch sein diplomatisches Doppelspiel aus dem Land, hinüber nach Schweden. Nach dem Krieg war Best, der zunächst in Kopenhagen zum Tode verurteilt und später begnadigt wurde, Justitiar des Stinneskonzerns in Mülheim. Er gehörte zum rechten Flügel der FDP in Nordrhein-Westfalen und hat als Rechtsberater – dabei stets im Hintergrund – zahllosen Kameraden aus SS und Polizei bei Kriegsverbrecherprozessen geholfen. Von ihm stammt die verteidigende Rechtsfigur des »putativen Befehlsnotstandes«. Die Darstellung seines Wirkens in Dänemark, die Best im Gefängnis in Kopenhagen niederschrieb und die von Siegfried Matlok Jahrzehnte später veröffentlicht wurde, ist in meinen Augen ein Konstrukt zur Selbstverteidigung und hat sowohl die zeitgeschichtliche Forschung als auch populäre Darstellungen irregeführt.

27 Text in: Jørgen Glenthøj, Kirkelige Dokumenter fra Besaettelsestiden, Selbstverlag des Herausgebers 1985, S. 10f; deutsche Übersetzung des Bischofswortes in: ORIENTIERUNG Nr. 13/14, 59. Jahrgang, Zürich, 1995, S. 163; zur Vorgeschichte: Henrik Fossing, Die Haltung der dänischen Kirche gegenüber der Obrigkeit während der deutschen Besetzung (1940-1945), in: Ulrich Duchrow (Hg.), Zwei Reiche und Regimente: Ideologie oder evangelische Orientierung? Internationale Fallbeispiele zur Theorie und Praxis lutherischer Kirchen im 20. Jahrhundert, Gütersloh 1977, S. 97-118, bes. S. 108-113.

wurde von den sieben Bischöfen auch an alle Pfarrer gesandt und am 3. Oktober 1943 von allen 1200 Kanzeln des Landes als Hirtenbrief verlesen: *Wenn eine Verfolgung von Juden aus rassischen oder religiösen Gründen erfolgt, ist es die Pflicht der christlichen Kirche, dagegen zu protestieren.*

Erstens: Weil wir niemals vergessen dürfen, dass der Herr der Kirche, Jesus Christus, in Bethlehem von der Jungfrau Maria geboren wurde gemäß der Verheißungen Gottes an sein auserwähltes Volk Israel. Die Geschichte des jüdischen Volkes bis zur Geburt Christi enthält die Vorbereitung auf das Heil in sich, das Gott für die ganze Menschheit in Christus bereitet hat. Das wird durch die Tatsache verdeutlicht, dass das Alte Testament Teil unserer Bibel ist.

Zweitens: Weil eine Verfolgung von Juden in krassem Gegensatz zu den Werten der Humanität und der Nächstenliebe steht, die sich aus der Botschaft herleiten, die die Kirche Jesu Christi zu verkündigen hat. Es gilt kein Ansehen der Person vor Christus, und Er hat uns zu sehen gelehrt, dass jedes einzelne menschliche Leben vor Gottes Angesicht wertvoll ist (Galater 3, 28).

Drittens: Weil es gegen das Rechtsbewusstsein verstößt, das im dänischen Volk gilt und das fest eingewurzelt wurde in den Jahrhunderten dänisch-christlicher Kultur. Auf Grund dessen wird in der Verfassung festgestellt, dass alle dänischen Bürger die gleichen Rechte und Pflichten vor dem Gesetz haben sowie eine garantierte Religionsfreiheit als das Recht, Gott zu verehren entsprechend ihrer Berufung und ihres Gewissens. Diese (Religions-) Freiheit garantiert, dass Rasse und Religion als solche niemals der Grund sein dürfen für die Beraubung der Bürgerrechte, der Freiheit oder des Eigentums. Trotz divergierender religiöser Anschauungen werden wir für unsere jüdischen Brüder und Schwestern kämpfen, dass sie dieselbe Freiheit behalten, die wir höher schätzen als das Leben.

Wir Leiter der dänischen Kirche besitzen ein klares Verständnis unserer Verpflichtung, gesetzestreue Bürger zu sein, die sich nicht unbedacht gegen die erheben, die die Macht über uns ausüben. Aber zur selben Zeit sind wir in unserm Gewissen gebunden, Gerechtigkeit zu verlangen und zu protestieren gegen jegliche Verletzung der bürgerlichen Rechte. Deswegen, sollte der Augenblick der Entscheidung kommen, werden wir unzweideutig das Wort befolgen, dass wir Gott mehr gehorchen müssen als den Menschen.

Im Namen der Bischöfe: H. Fuglsang-Damgaard.

Am 4. Oktober 1943 verurteilte der dänische Freiheitsrat die Pogrome in einer Erklärung, die aus dem Untergrund verbreitet wurde. Das deutsche Militär begünstigte die dänischen Rettungsaktionen. Die deutschen Schnellboote der Küstenbewachung waren zu der Zeit zur Wartung aufgedockt, sodass die Passage nach Schweden wenig kontrolliert werden konnte. Duckwitz hatte den Kommandanten der deutschen Marineeinheiten in Kopenhagen dahingehend beeinflusst. Zudem: Als die Polizeiaktion begann, hatten die deutschen Einsatzgruppen den Befehl, nur einmal an jüdischen Wohnungstüren zu klingeln und gleich wieder abzuziehen und nicht mit Gewalt in die Wohnung einzudringen, wenn niemand aufmachte. So wurden statt der ungefähr 8000 dänischen Juden nur an die 600 verhaftet, meist alte, gebrechliche oder mittellose Leute. Ein Teil von ihnen entkam dann noch aus den Lagerschuppen am Hafen, wo sie gefangen gehalten wurden.
Wegen der großen Proteste der Bevölkerung, die in der internationalen Presse ausführlich kommentiert wurden – es handelte sich um deutsche Judenverfolgungen in einem nominell noch immer autonomen Land – wurden die restlichen 481 in deutscher Hand befindlichen dänischen Juden nicht in die Vernichtungslager im Osten, sondern in das „Muster-KZ" Theresienstadt gebracht. Dort wurden sie mehrfach von Delegationen des Internationalen Kreuzes besucht.
Aufgrund massiver dänischer Proteste reiste Adolf Eichmann am 2. November 1943 nach Kopenhagen und sagte zu, dass dänische Juden über 60 Jahre nicht mehr festgenommen, Halbjuden und Juden in Mischehen nach Dänemark zurückkehren und dass die dänischen Juden auf Dauer in Theresienstadt bleiben würden. Noch 1960 vor Gericht in Jerusalem ärgerte er sich:

„Dänemark hat uns mehr Schwierigkeiten bereitet als jedes andere Land." [28] Von den verschleppten dänischen Juden überlebten 431. Die im KZ starben, erlagen normalen Krankheiten. Als Fazit bleibt: Fast die gesamte dänische Judenschaft entkam dem Holocaust, weil sich die übrigen Dänen vor ihre jüdischen Volksgenossen stellten.

Munks Bedeutung für den dänischen Widerstand

Wie kam es, dass sich in diesem kleinen skandinavischen Land ein so sensibles öffentliches Klima in Bezug auf die Verfolgung der jüdischen Mitbürger ausbreitete? Das ist unter anderem auch darauf zurückzuführen, dass Kaj Munks, des Pastors und Dichters, offenes und unerschrockenes Wort – nicht zuletzt auch durch sein Schauspiel „Er sitzt am Schmelztiegel" – das moralische Bewusstsein seiner Landsleute geweckt und ihr Resistenzpotential gestärkt hatte. Arnim Juhre, Mitglied des Deutschen PEN-Clubs, brachte es im Herbst 1997 auf einer Tagung der Evangelischen Akademie in Mülheim-Ruhr über Munk und sein Schauspiel „Er sitzt am Schmelztiegel" auf den Punkt: „Hier liegt der einmalige Fall vor, dass ein Schauspiel mitgeholfen hat, Hunderte von Menschenleben zu retten."

Munks öffentlicher Protest gegen die Besetzung Dänemarks war von Anfang an scharf. Die Kollaboration vieler seiner Landleute mit den deutschen Aggressoren lehnte er ab. In Predigten und Vorträgen rief er zunächst zum passiven Widerstand, zur Verweigerung der Zusammenarbeit, nach der Verhängung des militärischen Ausnahmezustands am 29. August 1943 zum aktiven Widerstand auf.

Die Dänen sollten sich nach Munks Willen und Einsicht auf die eigenen Befreiungstraditionen besinnen. Jedem Schulkind war Niels Ebbesen – der jütländische Bauer ist sozusagen der „dänische Wilhelm Tell" – bekannt. Dieser, ein durch und durch friedfertiger Mann, erschlug trotz seiner christlichen Skrupel am 10. April 1340 den holsteinischen Grafen Geert, der sich ganz Skandinaviens bemächtigen wollte. Munk schrieb gleich nach dem deutschen Überfall im Frühsommer 1940 ein Bühnenstück darüber, das

28 Königlich Dänisches Ministerium des Äußeren (Hg.), a.a.O., S. 18.

1942 sogar in Kopenhagen im Druck erschien und von der dänischen Untergrundbewegung verbreitet wurde. Munk selbst las und interpretierte Teile des Schauspiels vom Herbst 1940 an in zahlreichen dänischen Städten. Als er daran gehindert wurde, fanden sich viele andere, die diese Protestaktion fortsetzten und Lesungen des Freiheitsdramas veranstalteten.

In einer Predigt über den barmherzigen Samariter (Lk. 10, 23-37) nannte Munk Niels Ebbesens Tyrannenmord sogar eine Tat der Barmherzigkeit:

„Es gibt Mitmenschen, denen man am besten einen Dienst erweist, indem man sie totschlägt. Dies meine ich buchstäblich. Niels Ebbesen gegen den Grafen Geert zum Beispiel. Der kahlköpfige Graf hätte sich ein paar Jahre mehr Hölle erworben, wenn seine Verbrechen am 10. April 1340 nicht gestoppt worden wären. Und wenn es nicht aus Rücksicht auf den Grafen geschehen war, so war es doch eine barmherzige Samaritertat gegenüber dem mit Füßen getretenen, leidenden Volk. ... ›Du sollst deinen Feind lieben‹ bedeutet nicht: ›Du sollst dich auf ihn einstellen und ihm recht geben.‹ ... Gottes Güte ist sanftmütig und geduldig, aber sie schließt nie mit dem Bösen einen Kompromiss.“ [29]

Die Predigt wurde in vollem Wortlaut in der „Nationaltidende“ veröffentlicht und sodann in dem Predigtband „Ved Babylons Floder“. Munks mutige politische Predigten – 1942 erschien ein zweiter Predigtband „Med Ordets Sværd“ – erreichten bis Kriegsende fünf Auflagen mit 27.000 Exemplaren und stärkten das Resistenzpotential in Dänemark erheblich. Zahlreiche seiner Predigtsammlungen gelangten nach Norwegen, sogar bis in die Zellen der politischen Gefangenen im Osloer Gestapogefängnis Grini.[30]

Am 5. Dezember 1943 predigte Munk trotz Verbots im Kopenhagener Dom und nahm Bezug auf die Judenverfolgungen im Lande. Er drohte sogar mit Aufruhr. Man bedenke: ein lutherischer Pfarrer drohte der Obrigkeit, die Gewalt über ihn hat, mit Aufruhr!

„Nur eins will ich sagen: Wenn man hier im Lande mit der Verfolgung einer gewissen Gruppe unserer Landsleute anfängt, nur um ihrer Abstammung

29 Predigt für den 13. Sonntag nach Trinitatis 1941, in: Kaj Munk, Bekenntnis zur Wahrheit, Zürich 1944, S. 76; Kaj Munk, Ved Babylons Floder, Kopenhagen 1944; Kaj Munk, Mindeudgave, Bd.: „Prædikener“, S. 161f.

30 Torleiv Austad, Kaj Munk sett i lys av den norske kirkekamp, in: Kaj Munk – Dansk rebel og international inspirator Kaj Munk, Akademisk Forlag Kopenhagen 1995, S. 179f.

willen, dann ist es christliche Pflicht der Kirche zu rufen: ›Das ist gegen das Grundgesetz im Reiche Christi, die Barmherzigkeit, und das ist verabscheuungswürdig für jedes freie nordische Denken.‹ Und die Kirche muss weitergehen, ohne sich beirren zu lassen. Geschieht das noch einmal, dann wollen wir mit Gottes Hilfe versuchen, das Volk zum Aufruhr zu bringen. Denn ein christliches Volk, das tatenlos zusieht, wenn seine Ideale mit Füßen getreten werden, gibt dem tödlichen Keim der Verwesung Einlass in seinen Sinn, und Gottes Zorn wird es treffen.“ [31]

Dass er sich dadurch in Lebensgefahr brachte, war ihm sehr bewusst. Kaj Munk liebte das Leben und suchte den Märtyrertod nicht. Aber er konnte und wollte die Wahrheit auch nicht verschweigen: *„Die Kirche ist der Ort, wo das Unrecht in den Bann getan, die Lüge entlarvt, die giftige Bosheit angeprangert werden muss – der Ort, wo Barmherzigkeit geübt werden soll als Quelle des Lebens, als Herzschlag der Menschheit.“* [32]

Genau einen Monat später, am 5. Januar 1944, fand man die Leiche von Pastor Munk auf der Reichsstraße 15 in den Hørbylunde Bakker, kurz vor Silkeborg in Jütland. Am Abend zuvor hatte ihn ein SS-Terrorkommando in seinem Pfarrhaus in Vedersø an der Nordsee verhaftet und abtransportiert. Als er seine Frau, die mit fünf kleinen Kindern zurückblieb, zum Abschied umarmte, sprach er ihr Mut zu: „Vertraue auf Gott!“ Bei der Beerdigung des Pfarrers von Vedersø wurde auch Ingemanns „Schmelztiegel-Lied“ gesungen. Der tote Kaj Munk sprach fortan noch lauter als der lebende. Bis heute ist dieser Märtyrer um des offenen Wortes willen, dieser Nachfolger des Mannes aus Nazareth, in Dänemark unvergessen.

Paul Gerhard Schoenborn

31 Kaj Munk, Mindeudgave, Bd.: »Prædikener«, S. 353.

32 Kaj Munk, Dänische Predigten, Neuer Verlag Stockholm, o. J. (1945), S. 6.

„Die Kirche ist gehalten, zu sagen: Jawohl, Jesus von Nazareth ist ein Jude!" (Otto Dibelius 1937)

Gibt es für die Gestalt des Bischofs Beugel ein historisches Vorbild im Kampf der Bekennenden Kirche in Deutschland? [33]

Die Kontroverse in Kaj Munks Schauspiel „Er sitzt am Schmelztiegel" aus dem Jahre 1938 zwischen Professor Dorn, den Hitler zum Kultus- und Kirchenminister ernennt, und dem evangelischen Bischof Beugel hat bei Zuschauern der deutschen Inszenierung von Isabel Sandig und Ralf Gottesleben wiederholt Reaktionen ausgelöst wie: „Warum taucht diese merkwürdige Gestalt überhaupt in dem Stück auf?" Und: „Einen solchen Kirchenführer, der unbeugsam Auge in Auge mit dem NS-Kirchenminister streitet und offen bekennt, „Jesus war Jude!", einen solchen Bischof gab es während des deutschen Kirchenkampfes nicht. Ein Beugel im Kirchenkampf? Undenkbar!"

Ob Kaj Munk mit Bischof Beugel also eine Gestalt auf die Bühne stellte, die sich ausschließlich seiner dichterischen Imagination verdankt? Die das verkörpert, was er von der deutschen und später von seiner dänischen Kirche erwartete, die es aber leider nicht gab: wahrhaft christliche Führergestalten, die den Mut haben, zu widersprechen und Zeugnis abzulegen und Widerstand mit dem Evangelium und aufgrund des Evangeliums zu leisten?

Bischof Beugel ist - im Gegensatz zu Professor Dorn - in dem Schauspiel nur eine Nebenfigur, die die Hauptlinien der Handlung nicht weiterbringt. Die Kontroverse zwischen dem Bischof und dem späterem Kirchenminister scheint allenfalls ein retardierendes Moment zu sein. Sie hat zwei Funktionen: Durch sie wird herausgestellt, dass durch die Behauptung, Jesus Christus sei kein Jude, nicht nur die historische Wissenschaft, sondern auch die Verkündigung der christlichen Kirche herausgefordert ist.

33 Dieser Aufsatz erschien – übersetzt von Jørgen Albretsen – in „Munkiana" Nr. 59, 20. Jahrgang, Aalborg 2016, S. 30 – 39: „Findes der med baggrund i Bekendelseskirkens kamp et historisk begrundet forbillede for personen biskop Beugel i skuespillet *Han sidder ved Smeltediglen*?"

Und es wird unterstrichen, dass Menschen, die sich an Jesus von Nazareth orientieren, sich gleichzeitig für die Einhaltung elementarer Menschenrechte einsetzen.

Kaj Munk schrieb sein Schauspiel „Er sitzt am Schmelztiegel“ in Berlin nieder bei einem nur wenige Tage währenden Aufenthalt im Januar 1938. Er wohnte damals im Christlichen Hospiz, Berlin NW 7, Mittelstraße 5-7, zwischen Friedrich- und Charlottenstraße. Am Abend des 26. Januar 1938, „neun nach sieben“, habe er das Stück vollendet, meldete er seinem Freund, Professor Hans Brix, dem Berater des Königlichen Theaters in Kopenhagen, auf einem Briefpapierbogen des Hospizes. Sollte ihm auf der Rückreise etwas zustoßen, solle dieser sich um die Aufführung des Stückes kümmern. Das Stück hieß zunächst „Der deutsche Diktator“.[34]

Kaj Munk nahm die Zustände im nationalsozialistischen Deutschland äußerst kritisch wahr. Die Drangsalierung der Juden machte ihn wütend. Allgemein nimmt die Munk-Forschung an, das Schicksal der großen jüdischen Schauspielerin Grete Mosheim vom Max-Reinhardt-Theater, die ins Exil getrieben wurde, habe die Vorlage geliefert zur Gestalt von Sara Levi alias Fräulein Schmidt im „Schmelztiegel“. Kaj Munk nahm auch parteilich Stellung zu den Auseinandersetzungen in der Deutschen Evangelischen Kirche und zu den Behinderungen der Bekenntnisgemeinden. Er wandte sich schon Jahre zuvor aggressiv gegen die deutschchristlichen Irrlehren, die in der Arisierung Jesu gipfelten. Der Kampf der Bekennenden Kirche war ihm also gut bekannt. Er hatte in Berlin zudem Kontakt mit Menschen, die über Informationen über die innere Lage der evangelischen Kirche verfügten. Mit welchen, das müsste noch herausgefunden werden, aber er hatte sie. Ich vermute sie zum Beispiel in Gestalt der Pfarrer der skandinavischen Gemeinden. Vielleicht hat er auch Flugschriften, Kampfliteratur der Bekennenden Kirche, in die Hand bekommen. Vielleicht findet sich sogar noch etwas davon in seinem Nachlass. Wer weiß?

34 Hans Brix: Hurtig svandt den lyse Sommer - Kaj Munk 1924-44, Westermann-Forlag, København 1946, S. 176ff.

Ich halte es für denkbar, dass Kaj Munk von folgenden Vorfällen Kenntnis hatte und sie in seinem Stück als Konfrontation zwischen Professor Dorn und Bischof Beugel verarbeitete: Im Jahre 1937 kursierte in Kreisen der Bekennenden Kirche eine Flugschrift, die unter anderem auch die Zusammenfassung einer Rede des Reichsministers für die kirchlichen Angelegenheiten, Hanns Kerrl enthielt. Der Minister hatte zu den Schwierigkeiten, die in den sogenannten „Kirchenausschüssen" aufgetreten waren, Stellung genommen. Er hatte gehofft, durch diese Gremien die Deutsche Evangelische Kirche (DEK) zu befrieden. Seine Pläne drohten aber zu scheitern. Darum äußerte er sich auch grundsätzlich-theologisch und machte ideologische Vorgaben zum Inhalt der christlichen Verkündigung im Sinne des NS-Staates.

Gegen diese Ausführungen protestierte Otto Dibelius mit einem Offenen Brief, der in der Riesenauflage von 500 000 (!) Exemplaren im In- und Ausland kursierte. Darin wehrte er sich auch gegen die Vorgabe des Kirchenministers, die deutsche evangelische Kirche dürfe nicht mehr nicht verkündigen und lehren, Jesus sei Jude. Dibelius, Generalsuperintendent der Kurmark, war bereits vor 1933 in der Ökumene bekannt. Der schwedische Erzbischof Nathan Söderblom hatte ihn scherzhaft „Erzbischof des evangelischen Deutschland" genannt. Er war 1933 seines Amtes als Generalsuperintendent enthoben, dann wiedereingesetzt, schließlich wieder amtsenthoben worden. Er verstärkte die Front der Bekennenden Kirche in Berlin, ohne in ihr eine Führungsrolle zu beanspruchen, half ihr an entscheidenden Stellen aufgrund seiner kirchenorganisatorischen Erfahrung, verfasste in ihrem Auftrag Flugschriften und war reichsweit ein vielgefragter Redner bei Bekenntnisversammlungen. Nach dem Zweiten Weltkrieg wurde Otto Dibelius Bischof der Evangelischen Kirche von Berlin-Brandenburg und einer der Präsidenten des Weltkirchenrats.

Reichskirchenminister Kerrl hatte am Samstag, dem 13. Februar 1937 die Vorsitzenden der Landes- und Provinzialkirchenausschüsse im Reichsministerium für die kirchlichen Angelegenheiten in Berlin versammelt und in einer zweistündigen Rede unter anderem gesagt:

In der Kirche werde gegen Staat und Partei gepredigt. Rebellen seien die, welche gegen den Staat predigten. Der Führer und die Partei wollten bei der Erklärung von Potsdam 1933 bleiben, sie wollten mit beiden Konfessionen auskommen. Aber Potsdam setze voraus, dass der Primat des Staates anerkannt werde. Die Partei stehe auf dem Boden eines „positiven Christentums". Positives Christentum aber sei ein Christentum der Tat, ein gelebtes Christentum. Das sei Nationalsozialismus. Es gehe nach dem Wort: „Es werden nicht alle, die zu mir sagen: Herr, Herr! in das Himmelreich kommen, sondern die den Willen tun meines Vaters im Himmel."
Der Nationalsozialismus sei das Tun des Willens des Vaters. Dieser Wille Gottes offenbare sich im deutschen Blut, dieser Wille Gottes sei die Nation. Diese göttliche Ordnung zu erhalten, das sei Tun des Gotteswillens. Christentum sei Entsprechung des Doppelgebotes der Liebe: Gottesliebe und Nächstenliebe: das heißt die göttliche Ordnung der Nation über alles zu stellen und den Blutsbruder zu lieben. Die Kirche habe den Staat zu unterstützen, dass dieser so anerkannte Gotteswille in der Nation und im Blutsbruder erfüllt werde.

Heute klopfe das Schicksal an die Pforte der Kirche, nicht die Partei. Das Volk gehe Adolf Hitler so freudig entgegen wie im Gleichnis die fünf klugen Jungfrauen dem Bräutigam. D. Zoellner habe ihm, dem Minister, mit ganz ähnlichen Worten, wie der Bischof von Münster, Graf Galen, klarzumachen versucht, dass das Christentum in dem Glauben an Christus als den Gottessohn bestehe. Darüber müsse er, der Minister, lachen. Nein, die Hauptsache sei die Tat. Christentum sei auch nicht abhängig vom Apostolischen Glaubensbekenntnis, das sei ein Dogma vergangener Zeiten, eine erst allmählich gewordene Konstruktion. Pfleiderer[35] *habe gesagt: Gott offenbare sich in der Geschichte; Dogmen seien Menschenwerk.*

Wenn die Kirche ein Staat im Staat sein wolle, so werde sie in Bedrängnis geraten. Wenn die Kirche so bleibe wie bisher, wenn sie sich gar anmaße, den

---

35 Minister Kerrl bezieht sich auf den liberalen Theologen Otto Pfleiderer (1839 – 1908). einen Schüler Ferdinand Christians Baurs, der an der Berliner Universität systematische Theologie gelehrt hatte. PGSch.

Staat über sein Tun zu belehren, so werde die Kirche allein bleiben, während das Volk am Horizont verschwinde.

Die Feinde seien der Kurialismus (Herrschsucht der Priester) und Imperialismus (übervölkisches Machtstreben), denen der christliche Universalismus (Anspruch des Christus auf alle Nationen) den Weg bereite. Die große Gefahr sei die Bastardierung (Rassenmischung), deren Träger der Jude sei. Er sei der Tuberkelbazillus. Es sei untragbar, das deutschen Kindern gepredigt werde: Jesus sei ein Jude, Paulus sei ein Jude oder „das Heil kommt von Juden" (Joh 4, 22). Dies sei der Versuch, die Partei lächerlich zu machen. Sie könne sich das nicht gefallen lassen. Das wahre Christentum werde durch die Partei vertreten, und das deutsche Volk werde durch die Partei und insbesondere durch den Führer zum wirklichen Christentum gerufen. Christentum liege in der Gesinnung und in der Tat. Die Kirche sei nicht in der Lage gewesen, den Glauben zu erzeugen, der Berge versetze. Das habe der Führer getan! Der Führer sei der Künder einer neuen Offenbarung. Das sei keine Vergöttlichung. Gott spreche durch Menschen, nicht durch geschriebene Worte.

Es komme also darauf an, dass die Kirche neu werde! Es müsse der Einklang zwischen Volk und Kirche hergestellt werden. Die Kirche sei den Weg der Isolierung gegangen. ... Es sei ... eine Säule einzubauen, die man „deutsches Christentum" nennt.[36] *... Da sich gezeigt habe, dass die Kirche aus eigener Kraft sich nicht helfen könne, müsse der Staat noch stärker eingreifen. Was nun komme, sei aber nur als Hilfe anzusehen, damit die Kirche wieder aus eigener Kraft ihre Anliegen gestalten könne.*[37]

Teilnehmer der Sitzung hatten die Rede des Ministers weitgehend wörtlich mitgeschrieben. In kirchlichen Archiven liegen zwei dieser Mitschriften vor.

---

36 Hierauf sprach der Minister dann länger von der Rolle der Thüringer Deutschen Christen. PGSch

37 Mitschrift A aus „Zur Kirchenwahl! Was jeder wissen muß!" Druckschrift, herausgegeben vom Bruderrat der B. K. Berlin, S. 4-7 In: Kurt Dietrich Schmidt, Dokumente des Kirchenkampfes II, Die Zeit des Reichskirchenausschusses 1935 - 1937, zweiter Teil (Arbeiten zur Geschichte des Kirchenkampfes, Band 16), Vandenhoeck und Rupprecht, Göttingen 1965, S. 1347ff .

Eine Version wurde alsbald vom Bruderrat der Bekennenden Kirche Berlin als Drucksache reichsweit in den Bekenntnisgemeinden verbreitet und löste dort große Empörung aus. Die kirchenpolitischen und theologischen Vorstellungen des Kirchenministers waren nun öffentlich. Otto Dibelius nahm das zum Anlass, dagegen als Pastor der Bekennenden Kirche in einem Offenen Brief scharf zu protestieren. Er hatte schon zuvor, am 30. Januar 1937 mit einem kleinen ökumenischen Arbeitsgremium über die Notwendigkeit eines solchen Schrittes diskutiert. Denn man verhielt sich in der Bekennenden Kirche äußerst kritisch dem gegenüber, was Kerrl mithilfe der Kirchenausschüsse erreichen wollte. An dieser Beratung hatten außer Dibelius der Bischof von Chichester, Dr. George Bell, Superintendent D. Max Diestel vom „Weltbund für Internationale Freundschaftsarbeit", Birger Forell, der Gesandtschaftspfarrer der Königlich Schwedischen Botschaft, und ein Bonhoefferschüler, der spätere Theologieprofessor Jürgen Wilhelm Winterhager teilgenommen. Auf Anraten des Bischofs George Bell von Chichester wurde daher bei der endgültigen Fassung des Briefes an Kerrl die völlige Gewissensfreiheit stark unterstrichen. Der mit Dietrich Bonhoeffer eng befreundete Bischof meinte, dass ohne den Einsatz für die Freiheit des Gewissens der Widerstand der Bekennenden Kirche nicht die Beachtung finden würde, die er in der Ökumene verdiente.[38]

Ende Februar 1937 wurde der Brief, der zunächst an die Dienstadresse des Reichsministers gesandt worden war, als Flugblatt in einer Auflagenhöhe von 500.000 Exemplaren in den Gemeinden der Bekennenden Kirche verbreitet, aber er wurde auch im Ausland bekannt:

Sehr verehrter Herr Reichsminister!

Sie haben am 13. Februar vor den Vorsitzenden der von Ihnen eingesetzten Kirchenausschüsse eine Rede gehalten, die jetzt durch die Evangelische Kirche Deutschlands läuft. Diese Rede bedeutet für das Verhältnis zwischen

38 Otto Dibelius, Reden - Briefe 19333 - 1967, hg. von Jürgen Wilhelm Winterhager, Eugen Rentsch Verlag, Erlebach-Zürich und Stuttgart, 1970, S. 26, Anmerkung 5.

der Evangelischen Kirche und Ihrem Ministerium ungefähr das, was die Sportpalastversammlung vom November 1933 für das Verhältnis zwischen uns und den Deutschen Christen bedeutet, das heißt, der Schleier ist zerrissen, der die Wirklichkeit vor vieler Augen bisher verhüllte; die Gegensätze sind klar; es ist jetzt deutlich vor jedermann, was das Kirchenministerium mit seinen Maßnahmen bisher beabsichtigt hat und was es für die Zukunft beabsichtigt.

Die Sache, um die es geht, ist eine Sache des Lebens und des Sterbens - nicht nur für die Evangelische Kirche, sondern, wie ich denke, auch für das deutsche Volk. In einer solchen Sache ist jeder Christ verpflichtet, sich zu fragen, ob er etwas tun kann, damit das Schlimmste vielleicht noch verhütet wird. In dem Bewusstsein solcher Verpflichtung schreibe ich an Sie.

Ich kann nicht einen Privatbrief schreiben. Ihr Wort war ja nicht ein privates Wort, sondern es sollte von der Kirche zur Kenntnis genommen werden. So muss die Kirche auch zur Kenntnis nehmen können, was darauf geantwortet wird. Deshalb schreibe ich einen Offenen Brief und halte mich dessen versichert, dass Sie als Kirchenminister das verstehen und würdigen werden.

Ich schicke voraus, dass in der evangelischen Kirche weithin die Überzeugung besteht, dass Sie um ein rechtes Verständnis des christlichen Glaubens ehrlich bemüht sind. Aus solcher Überzeugung heraus sind auch die folgenden Zeilen geschrieben.

Ihre Rede sollte das neue Verordnungswerk für die Evangelische Kirche erläutern. Die Entscheidung des Führers hat dieses Verordnungswerk verworfen. Aber damit ist nur der eine Teil Ihrer Rede erledigt. Es bleibt der andere Teil, in dem Sie die Grundsätze dargelegt haben, nach denen Sie als Kirchenminister glauben handeln zu müssen.

Sie haben nach dem mir vorliegenden Bericht gesagt: Der katholische Bischof Graf Galen und der evangelische Generalsuperintendent Zoellner hätten

Ihnen beibringen wollen, was Christentum sei: dass es nämlich um die Anerkennung gehe, dass Jesus Gottes Sohn sei. Das sei lächerlich und nebensächlich. Die Gestalt Jesu auf sich wirken zu lassen und ein Christentum der Tat zu leben - das sei alles. In der Kirchengeschichte sei es zur Konstruktion eines Apostolikums gekommen. Dass die Anerkennung dieses Apostolikums ein Kennzeichen für das Christentum sein solle, sei Unsinn. Pfleiderer habe gesagt: Gott offenbare sich in der Geschichte; Dogmen seien Menschenwerk.

Die evangelische Kirche hat es nie anders gewusst, als dass die Dogmen Menschenwerk sind und dass eine äußerliche, verstandesmäßige Zustimmung zu einem Glaubensbekenntnis wenig darüber besagt, ob jemand mit Ernst Christ sein will oder nicht. Die Frage ist nur die, ob nicht das, was Menschen zusammengestellt haben und was sich nach evangelischem Grundsatz rechtfertigen muss vor Gottes Wort, ganz einfach die Wahrheit ausspricht.

Der Satz vollends, dass Jesus Christus Gottes Sohn ist, ist nicht ein Lehrsatz, von Menschen erdacht, sondern die grundlegende Verkündigung der Heiligen Schrift. An diesem Satz hängt unser Glaube. Aus ihm nehmen wir den Halt für unser Leben und den Trost für unser Sterben. In einer Zeit vollends, wie es die gegenwärtige ist, wird dieser Satz zum Inbegriff des Christentums. Denn wenn Jesus von Nazareth ein Mensch gewesen ist wie wir alle, dann kann jeder seine Lehre kritisieren und abändern. Dann haben die Sakramente der Kirche keinen Sinn mehr. Dann hat die Kirche nicht mehr das Recht, dem „Mythus" Alfred Rosenbergs das Evangelium entgegenzustellen als die ewige, unabänderliche Wahrheit Gottes. Von dem Felsengrund der Offenbarung Gottes sind wir dann in den Flugsand menschlicher Meinungen gestoßen und stehen hilflos in einer Zeit, die uns neue Götter anpreist. Nein: dass Jesus Christus, der Gekreuzigte und Auferstandene, der Sohn des lebendigen Gottes ist, ist der feste Grund für allen unsern Glauben.

Was muss die deutsche Christenheit empfinden, wenn der Minister für die kirchlichen Angelegenheiten das als lächerlich bezeichnet! Vielleicht wissen Sie davon, dass heute in zahllosen evangelischen Gottesdiensten die

Gemeinde, ganz aus sich heraus, das Apostolikum mitspricht, wenn es der Pfarrer vom Altar verliest. Das gab es früher nicht. Die Gemeinde hat das Bedürfnis, der christusfeindlichen Welt zu bezeugen, dass sie das Bekenntnis der Väter festzuhalten entschlossen ist. Was soll sie dazu sagen, wenn der Kirchenminister, indem er sich gleichzeitig anschickt, neue Zwangsmaßnahmen gegen die Kirche zu ergreifen, eine solche Einstellung zum Apostolikum für einen Unsinn erklärt?

Sie sind noch weiter gegangen. Sie haben die Forderung erhoben, dass die Predigt der evangelischen Kirche anders werden müsse als bisher. Nicht etwa biblischer, sondern anders in Ihrem Sinne - also, wie die Nennung des Namens Pfleiderer zeigt - im Sinne des Liberalismus des 19. Jahrhunderts. Sie haben das noch weiter erläutert. Sie haben gesagt: der Wille des Vaters, den wir nach den Worten Jesu erfüllen sollen, sei uns ins Blut gegeben.

Das Neue Testament weiß nichts davon, dass uns der Wille Gottes ins Blut gegeben ist. Es weiß nur davon, dass alles, was im Menschen ist, unter dem Fluch der Selbstsucht steht und dass der Wille Gottes dem Menschen verkündigt wird in Jesus Christus, dem lebendigen Wort. Der evangelische Geistliche ist durch sein Ordinationsgelübde verpflichtet, keine andere Lehre zu verkündigen als die, 'welche gegründet ist in Gottes lauterem und klarem Wort, verfasst in der Heiligen Schrift Alten und Neuen Testaments, unsrer alleinigen Glaubensnorm, und bezeugt in den Bekenntnissen der Kirche'. Ein Geistlicher, der predigen würde, dass der Wille Gottes in unserm Blut zu uns redet, hätte sein Ordinationsgelübde gebrochen.

Sie haben weiter gesagt: Die Pastoren behaupteten, Jesus sei ein Jude; sie redeten von dem Juden Paulus und sagten, das Heil komme von den Juden. Das gehe nicht!

Ich kann mich nicht erinnern, dass in früheren Zeiten die Predigt der evangelischen Kirche diese Dinge irgendwie betont hätte. Nachdem sich aber jetzt die Angriffe der Gegner fortwährend auf diesen Punkt richteten, ist die Kirche allerdings gehalten, zu sagen: Jawohl, Jesus von Nazareth ist nach seiner menschlichen Natur aus dem Geschlechte Davids, also ein Jude! So lehrt es das Neue Testament unmissverständlich und klar. Dass Paulus ein Jude gewesen ist, hat noch niemand bestritten. Von den Briefen dieses Apostels aber zu lassen, ist der Kirche verwehrt, wenn sie nicht aufhören will, Kirche Jesu Christi zu sein. Und dass das Heil von den Juden kommt, steht im 4. Kapitel des Johannesevangeliums geschrieben als ein Wort zur Samariterin - allerdings in einem andern Sinn, als es die Polemik bibelfremder Kirchenfeinde behauptet. Wenn Sie sagen, es gehe nicht, dass evangelische Pastoren diese Dinge sagen, dann bedeutet das, dass Sie den Pastoren verwehren wollen, zu sagen, was im Neuen Testament steht. Darauf können wir nur antworten, dass sich ein evangelischer Geistlicher nur von Gottes Wort, nicht aber von einem Menschen vorschreiben lässt, was er zu predigen hat, und dass er, wenn es hart auf hart geht, Gott mehr gehorchen muss als den Menschen. Unablässig hat man in den letzten vier Jahren behauptet: die Eingriffe des Staates beträfen nur das äußere Leben der Kirche; niemand denke daran, in die Predigt einzugreifen. Die Bekennende Kirche hat dem gegenüber immer behauptet, dass dem nicht so sei, sondern dass die Kirchenpolitik, die unter Herrn Jäger begonnen hat, bis hin zur Einsetzung der staatlichen Kirchenausschüsse einen Eingriff in Lehre und Verkündigung der Kirche bedeute. Eben deshalb hat sie sich geweigert, die staatlichen Kirchenausschüsse als Kirchenleitung anzuerkennen. Ihre Worte vom 13. Februar haben es über allen Zweifel erhoben, dass die Bekennende Kirche richtig gesehen hat. Sie wollen, dass sich die Predigt der Kirche im Sinne des Liberalismus und der Thüringer Deutschen Christen wandle. Sie geben nicht Anregungen oder Ratschläge, sondern Sie erheben Forderungen und kündigen in demselben Atemzuge neue Zwangsmaßnahmen gegen die Kirche an. Wenn das nicht ein Eingriff in die Verkündigung der Kirche ist, dann weiß ich nicht, was man unter einem Eingriff in die Verkündigung überhaupt verstehen soll. Hier ist der Punkt, an dem die Kirche Widerstand leisten muss und Widerstand leisten wird.

Endlich noch eins: Sie haben davon gesprochen, dass von Seiten der Kirche immer dieselben Klagen kämen über die Partei und über Äußerungen in Gliederungen der Partei. Sie haben solche Beschwerden für albern erklärt, weil zum Beispiel gleichzeitig der Papst zu den deutschen Rompilgern eine Rede gegen den Nationalsozialismus halte. Sie haben hinzugefügt: wir müssten dafür sorgen, dass die Partei nicht dadurch vor den Kindern zum Gespött gemacht werde, dass im Religionsunterricht dieses und sonst jenes gesagt werde.

Ich will nicht darauf eingehen, wie einem Evangelischen zumute ist, wenn seine Beschwerden über die unausgesetzten Angriffe gegen das Christentum in Schulungslagern und dergleichen deshalb für 'albern' erklärt werden, weil der Papst den Rompilgern eine bestimmte Rede hält! Was aber den Gegensatz zwischen Religionsunterricht und Parteischulung anlangt, so lassen Sie mich eine einzige Frage stellen. Herr Reichsminister: wenn des Morgens im Religionsunterricht den Kindern gesagt wird: die Bibel - das ist das Wort Gottes, das zu uns redet im Alten und im Neuen Testament! - und wenn am Nachmittag mit den Pimpfen memoriert wird: Welches ist unsere Bibel? Unsere Bibel ist Hitlers 'Mein Kampf'! - wer muss hier seine Lehre ändern?

Hier ist der entscheidende Punkt. Wenn Sie fordern, dass die evangelische Kirche nicht Staat im Staate sein dürfe, so sagt jeder evangelische Christ dazu ja! Die Kirche soll Kirche sein, nicht Staat im Staate! Die Grundsätze aber, die Sie verkündigen, laufen darauf hinaus, dass der Staat zur Kirche werden soll, indem er über Predigt und Glaubensbekenntnis der Menschen Bestimmungen trifft, gestützt auf seine Mittel der Macht. Hier liegt die Wurzel des ganzen Kampfes zwischen Staat und Evangelischer Kirche. Dieser Kampf wird nie zu Ende kommen, wenn nicht der Staat sich seiner Grenzen bewusst wird. Luther hat uns gelehrt, dass wir, dem Worte Gottes getreu, dem Staat, solange er Staat ist, mit Leib und Leben zu dienen schuldig sind. Auch der Staat Adolf Hitlers kann sich auf die Einsatzbereitschaft der evangelischen Christen Deutschlands verlassen. Es wäre unwürdig, das erst noch feierlich zu versichern. Aber sobald der Staat Kirche sein und die Macht über die Seelen der Menschen und über die Predigt der Kirche an sich nehmen will,

sind wir nach Luthers Worten gehalten, Widerstand zu leisten in Gottes Namen. Und wir werden das tun!
Was Sie, Herr Reichsminister, gesagt haben, haben Sie gesagt. Daran ist nichts mehr zu ändern. Es bleibt jetzt nur noch eine Möglichkeit, aus den Wirren herauszukommen. Die evangelische Kirche muss die Sicherheit erlangen, dass Ihre Ansichten von Christentum und Kirche wirklich nur private Ansichten sind, die wir als solche zu respektieren bereit sind, dass Sie aber davon Abstand nehmen, Ihre Ansichten der Kirche aufzunötigen und die Kirchenpolitik des Staates von da aus zu bestimmen. Das müssen Sie durch unmissverständliche Taten beweisen. Lassen Sie das Kirchenministerium sich wieder darauf beschränken, die allgemeine Staatsaufsicht auszuüben, die ihm nach dem Staatsvertrag und nach den Verfassungen der Kirchen zusteht. Lassen Sie es sich aller weiteren Eingriffe in das Leben der Kirche grundsätzlich enthalten und die Rechte, die es neu für sich in Anspruch genommen hat und durch die es tief in das innere Leben der Kirche eingreift, wieder abgeben. Lassen Sie die Kirche ihre Angelegenheiten in wirklicher Freiheit und Selbständigkeit ordnen. Wenn das geschieht, dann kann der Kirchenkampf in drei Monaten zu Ende sein.

Dass die Thüringer Deutschen Christen, die nach dem einmütigen Urteil aller Kirchen der Welt den Namen einer christlichen Kirche für sich nicht mehr in Anspruch nehmen können, eine eigene Religionsgemeinschaft bilden müssen, ist klar. Wenn der Staat ihnen dabei hilft, so wird niemand etwas dagegen einwenden. Aber die evangelische Kirche, die Kirche unserer Väter, soll das bleiben, was sie ist: die Kirche, in der verkündigt wird, dass Jesus Christus Gottes Sohn ist und dass der Wille Gottes zu uns redet in ihm als dem lebendigen Wort; die Kirche, die das Glaubensbekenntnis der Väter in Ehren hält und in ihren Gottesdiensten das Apostolikum bekennt; die Kirche, die die Rechtfertigung aus dem Glauben predigt; die Kirche, die dem Gewissen des einzelnen alle Freiheit lässt, weil man Überzeugung und Gewissen nicht mit Gewalt dringen und zwingen darf, deren Leitung und deren Verkündigung aber klar und bestimmt ausgerichtet ist an Gottes Wort!

Geben Sie diese unsere evangelische Kirche endlich, endlich wieder frei! Deutschland braucht das Evangelium! Es braucht das unverkürzte und unverfälschte Evangelium! Wer dazu hilft, dessen Hand wird gesegnet sein!
D. Otto Dibelius[39]

Kirchenminister Kerrl antwortete auf Dibelius' Brief nicht direkt, aber um so heftiger indirekt. Am 22. Mai 1937 wurde Dibelius' Reisepass eingezogen; am 30. Juli 1937 wurde er selbst verhaftet; am 6. August 1937 begann ein Prozess vor dem Moabiter Kriminalgericht, zu dem der Kirchenminister persönlich erschien. Dibelius wurde wegen Verstoßes gegen das Heimtückegesetz angeklagt. Als Strafmaß für „niedrige Gesinnung, Heimtücke und Landesverrat" forderte der Staatsanwalt sechs Monate Haft. Dibelius hat darüber in großem zeitlichen Abstand 1961 in seinen Lebenserinnerungen „Ein Christ ist immer im Dienst" farbig erzählt:

Dieser Brief wurde ... (auch) im Ausland weit verbreitet, und aus zahllosen Zeitungen Englands, Amerikas und anderer Länder kam das Echo zurück. Kerrl tobte vor Zorn. Er beauftragte die Staatsanwaltschaft, Klage gegen mich zu erheben. Am 6. August 1937 stand ich vor Gericht. Der große Saal des Moabiter Kriminalgerichts war zum Brechen voll. Man hatte die ganze inländische und ausländische Presse geladen. Sie sollte Zeuge sein, wie hier ein Staatsfeind abgeurteilt würde. Alle Ministerien und alle zentralen Parteiorganisationen waren vertreten. Auf der Tribüne drängten sich die Zuschauer, Freund und Feind. Die Vorsitzenden der Kirchenausschüsse, die die Rede Kerrls gehört hatten, wurden als Zeugen vernommen. Sie sagten - mit einer Ausnahme - übereinstimmend aus, dass Herr Kerrl in der Tat so gesprochen habe, wie ich

39 In: Kurt-Dietrich Schmidt, a.a.O., S. 1359ff - In „Otto Dibelius: Reden - Briefe 1933 - 1967", S. 27 findet sich noch folgende Schlusspassage vor der Unterschrift: *„Dieser Brief wird drei Tage nach seiner Abgabe in Ihrer Berliner Dienststelle, Herr Reichsminister, den Bekennenden Gemeinden aller Landeskirchen zur Kenntnis gebracht werden. In der Ihnen als einem Minister für Kirchliche Angelegenheiten schuldigen Ehrerbietung ..."* Der Herausgeber, Jürgen Wilhelm Winterhager teilt dazu mit (a.a. O. Anm. 6: *„Die Einfügung des Schlusssatzes, der im ersten, handschriftlichen (z.T. auch für die Verbreitung als Flugblatt benutzten) Entwurf von Dibelius nicht enthalten war, geht auf mündlich vorgetragene Empfehlungen von Birger Forell und George Bell zurück. Die britische Presse brachte den Wortlaut des Offenen Briefes mit der Schlussformel."*

es in meinem Offenen Brief wiedergegeben hatte. Auf den genauen Wortlaut könnten sie sich nicht besinnen; aber sie hätten seine Worte ebenfalls als einen Angriff auf die Fundamente des christlichen Glaubens empfunden. Dann betrat Herr Kerrl mit seinem Stabe den Saal, während alles sich erhob. Er stellte einfach in Abrede, jemals solche Worte gebraucht zu haben, und bestritt mir jegliches Recht, ihn anzugreifen. Staatssekretär und Ministerialdirektor pflichteten ihm diensteifrig bei.

Dann hielt der Oberstaatsanwalt seine Anklagerede, genau nach Klischee: der Führer habe das deutsche Volk geeinigt; dann aber habe eine Gruppe von Pastoren einen Kirchenstreit vom Zaun gebrochen. Mein Offener Brief stelle einen Höhepunkt dieser staatsfeindlichen Agitation dar. Er beantragte sechs Monate Gefängnis. Hinterher hörte ich, das Kerrl diesen Oberstaatsanwalt persönlich aufgesucht und ihm erklärt hatte: es müsse bei dem Prozess herauskommen, das ich für immer aus dem öffentlichen Leben verschwinde.

Dann sprachen meine drei Verteidiger. Und ich bekam das Schlusswort. Als ich aufstand, wurde es totenstill im Saal. Ich sagte ganz kurz, dass ich vor der Abfassung des Offenen Briefes alle mir erreichbaren Beteiligten gehört hätte, um ganz sicher zu gehen; dass aber die übereinstimmenden Auskünfte einen so scharfen Angriff auf den christlichen Glauben bezeugt hätten, dass es die einfache Pflicht eines ordinierten Dieners der Kirche gewesen sei, öffentlich Protest zu erheben. Es gehe nicht um meine Person, sondern um die Frage, ob die christliche Kirche im nationalsozialistischen Staat noch die Freiheit habe, für ihren Glauben einzutreten.

Dann kam die Pause. Ich sprach mit den Anwälten. Wir rechneten mit drei Monaten Gefängnis für den ungünstigsten, mit 300 Mark Geldstrafe für den günstigsten Fall.

Dann wurde die Sitzung wieder eröffnet. Wie durch einen Nebel hindurch hörte ich die Stimme des Vorsitzenden Richters: das Gericht habe auf Freispruch erkannt! Der Wortlaut der Rede von Herrn Kerrl sei nicht mehr festzustellen;

infolgedessen könne der Tatbestand der Verleumdung und Beleidigung nicht als erfüllt gelten. Ich nahm die Glückwünsche der Gerichtsbeamten und meiner Freunde entgegen und fuhr so schnell wie möglich mit meiner Frau und meinem ältesten Sohn, der nach soeben bestandenem Assessorexamen noch die Urteilsverkündigung mit angehört hatte, in meine Lichterfelder Wohnung zurück.

Erst sehr viel später hörte ich, was sich an diesem Abend alles zugetragen hatte. Zunächst war vom Propagandaministerium die Weisung an die Presse ergangen: über den Prozess Dibelius darf nicht berichtet werden! Dann hatte Hanns Kerrl den Reichsjustizminister Gürtner angerufen und ihm wütende Vorwürfe über dies Versagen der Justiz gemacht, worauf ihm Gürtner nur erwidern konnte: er habe ihm immer von diesem Prozess abgeraten; nun müsse er, Hanns Kerrl, die Folgen tragen. Dann ließ sich Kerrl mit Göring verbinden und verlangte, dass ich ins Konzentrationslager gebracht werde. Auch Göring lehnte ab, ihm zu Hilfe zu kommen. Offenbar spielte die Schadenfreude auch unter den Parteimitgliedern ihre Rolle.

Dann aber wurden doch die Generalstaatsanwälte Preußens telefonisch nach Berlin berufen. Hier wurde ihnen erklärt, dass eine solche Blamage, wie sie der nationalsozialistische Staat in diesem Prozess erlitten habe, sich unter keinen Umständen wiederholen dürfe. Der Prozess Niemöller, der zehn Tage später stattfinden sollte, wurde auf viele Monate vertagt, um der Staatsanwaltschaft Gelegenheit zu geben, ihn gründlicher vorzubereiten.

Der Gerichtsvorsitzende, Landgerichtsdirektor Wesenberg, erlitt am nächsten Tag einen Nervenzusammenbruch. Er hatte wochenlang unter einer unmenschlichen Spannung zwischen den Forderungen der Partei und seinem Gerechtigkeitssinn gestanden. Von seinem Posten wurde er abgelöst. Bald danach ist er gestorben. Er war ein tapferer, aufrechter Mann! [40]

---

40 Otto Dibelius, Ein Christ ist immer im Dienst - Erlebnisse und Erfahrungen in einer Zeitenwende, Kreuz-Verlag, Stuttgart, 1961, S. 194-196.

Pfarrer Martin Niemöller aus Berlin-Dahlem war kurz zuvor, am 1. Juli 1937, in Untersuchungshaft genommen worden. Wegen seiner kritischen Predigten wurde ihm Volksverhetzung vorgeworfen. Er wurde schließlich zu einem Jahr „ehrenhafter" Festungshaft verurteilt, die mit der Untersuchungshaft abgegolten war. Als er das Gerichtsgebäude als freier Mann verließ, wurde er davor von der Gestapo erneut verhaftet und bis zum Kriegende als „persönlicher Gefangener des Führers" in KZ-Haft genommen.

Kaj Munk schrieb Ende Januar 1938 in Berlin sein Schauspiel „Er sitzt am Schmelztiegel" nieder. Ob ihm Kampf und Schicksal dieser beiden Kämpfer der Bekennenden Kirche - Otto Dibelius und Martin Niemöller - nicht vor Augen standen, als er die Gestalt des Bischofs Beugel formte? Ob er davon in Berlin erfuhr, etwa, weil er mit dem schwedischen Gesandtschaftspfarrer Birger Forell Kontakt hatte? Oder ob er in Vedersø in dänischen Tageszeitungen etwas über den Prozess gegen Dibelius und die Verhaftung Niemöllers gelesen hatte? Auf jeden Fall sind die Parallelen zwischen den Vorfällen in Berlin und der Konfrontation „Dorn-Beugel" in „Er sitzt am Schmelztiegel" sehr auffällig.

Kaj Munk wusste offensichtlich mehr über den Kirchenkampf in Deutschland als die Vertreter der Bekennenden Kirche - vor und nach 1945 - über Kaj Munk!

Festzuhalten sind entscheidende Unterschiede zwischen Bischof Beugel und Otto Dibelius: Dibelius ging es um Gewissensfreiheit und Verkündigungsfreiheit der Kirche, Bischof Beugel um die elementaren Menschenrechte für alle Bürger im Dritten Reich, auch für die jüdischen Deutschen. Heute können wir sagen, dass der dänische Dichter, Nachfolger Jesu und Theologe Kaj Munk einen schärferen Blick dafür hatte, worum es letztlich ging, als der vorbildlich tapfere Christ und Streiter der Bekennenden Kirche aus Berlin. Dibelius betont fast widerwillig - was zu manchen seiner früheren antijudaistischen Stellungnahmen passt - das Judesein Jesu in der Konfrontation mit dem Reichskirchenminister:

„Ich kann mich nicht erinnern, dass in früheren Zeiten die Predigt der evangelischen Kirche diese Dinge irgendwie betont hätte. Nachdem sich aber jetzt die Angriffe der Gegner fortwährend auf diesen Punkt richteten, ist die Kirche allerdings gehalten. zu sagen: Jawohl, Jesus von Nazareth ist nach seiner menschlichen Natur aus dem Geschlechte Davids, also ein Jude!"

Munks Bischof Beugel hingegen kämpft nicht nur um das korrekte christliche Bekenntnis, dass Jesus Christus seiner menschlichen Natur nach ein Jude ist und bleibt, sondern vielmehr auch darum, dass den Juden in Deutschland die Menschen- und Bürgerrechte nicht genommen werden:

„Ein Jude hat meinen deutschen Mund gelehrt, jeden Morgen und jeden Abend zu sprechen: „Vergib uns unsere Schuld, wie wir vergeben unseren Schuldigern." Geben Sie so, in christlichem Sinn, Lebensrecht für dieses Volk in unserem Volk. Denn die Menschenrechte anderen Menschen wegnehmen heißt, sich selbst zum Verbrecher zu machen."

Und Beugel kämpft hellsichtig gegen den verhängnisvollen Irrweg der deutschen evangelischen Theologie, der aus dem Mann aus Galiläa ein arisches Heldenphantom machen wollte - was tatsächlich in Deutschland geschah und im Eisenacher „Institut zur Erforschung und Beseitigung des jüdischen Einflusses auf das deutsche kirchliche Leben" ab 1939 mit „wissenschaftlicher" Akribie und einem großen finanziellen, personellen und organisatorischem Aufwand betrieben wurde.

Paul Gerhard Schoenborn

Weitere Bücher von Kaj Munk im NordPark Verlag

Paul Gerhard Schoenborn

Kaj Munk

Der politische Pfarrer und Dichter, den die SS erschoss

Paperback

100 S.; 2024; EUR 11,00; ISBN: 978-3-943940-85-5

NordPark Verlag

Am 5. Januar 1944, fand man frühmorgens die Leiche von Pastor Munk auf Hørbylunde Bakke bei Silkeborg. Am Abend zuvor hatte ihn ein SS-Kommando in seinem Pfarrhaus in Vedersø verhaftet. Das Auto der SS fuhr lange durch die Nacht, hielt schließlich unterwegs, und Kaj Munk wurde kaltblütig erschossen. Es war ein von Hitler und Himmler angeordneter Terrorschlag. Mit der Ermordung Kaj Munks sollte der Widerstand im dänischen Volk gegen die Besetzung durch das Großdeutsche Reich eingeschüchtert werden. Wer aber war dieser Kaj Munk? Paul Gerhard Schoenborn stellt den politischen Pfarrer und Dichter mit Beiträgen zur Person, zur politischen Einstellung und zum literarischen Schaffen vor.

Kaj Munk
Er sitzt am Schmelztiegel.
Ein Drama aus dem Jahr 1938
Aus dem Dänischen übersetzt und herausgegeben
von Paul Gerhard Schoenborn
NordPark Verlag
112 S.; 2024; EUR 12,00; ISBN: 978-3-943940-86-2

Bei einem Aufenthalt im Januar 1938 in Berlin schrieb Kaj Munk, der dänische Dichterpfarrer und Märtyrer (1898 – 1944) innerhalb weniger Tage dieses „politische Warnstück" über die brutale Judenverfolgung und die ideologische Arisierung des Juden Jesus im nationalsozialistischen Deutschland.
Bis zum Beginn des Zweiten Weltkriegs sahen mehr als 160.000 Dänen das Drama. Es steht in einer Linie mit Zeitungsartikeln und Predigten, in denen Kaj Munk seine Landsleute wachrüttelte gegen die inhumanen, allen christlichen Werten Hohn sprechenden Judenverfolgungen des Hitlerregimes.
Dass die Dänen im Herbst 1943 den deutschen Versuch vereitelten, das Land „judenrein" zu machen, liegt nicht zuletzt daran, dass Kaj Munks „Schmelztiegel" das Resistenzpotenzial seiner Landsleute gestärkt hatte.
Der deutsche Lyriker und Schriftsteller Arnim Juhre über die Wirkungsgeschichte des „Schmelztiegels": „Hier liegt der einmalige Fall vor, dass ein Schauspiel mitgeholfen hat, Hunderte von Menschenleben zu retten."

Kaj Munk

Geschichtliche Dramen.

Vogel Phönix - Der Kardinal und der König -
Der Sieg - Ewalds Tod

Aus dem Dänischen übersetzt und herausgegeben
von Paul Gerhard Schoenborn

NordPark Verlag
Paperback: 276 S.; 2016; EUR 17,00; ISBN: 978-3-943940-16-9
Hardcover:276 S.; 2016; EUR 19,99; ISBN: 978-3-943940-17-6

Der dänische Dorfpfarrer Kaj Munk (1898 - 1944) gilt als einer der Erneuerer des skandinavischen Theaters im Zwanzigsten Jahrhundert. Zwischen den beiden Weltkriegen und auch noch im Krieg schuf Kaj Munk Theaterstücke, die in seinem Heimatland Dänemark verortet sind, zudem Schauspiele über biblische Gestalten und schließlich Dramen, in denen er konkrete historische oder aktuell politische Zusammenhänge mit den persönlichen, menschlichen Problemen seiner Akteure verbindet und in Tiefenschichten auslotet. Seine Schauspiele zeigen ihn als einen leidenschaftlichen Dichter, der Wesentliches über Glauben, Treue, Liebe, menschliche Würde, Herrlichkeit und Heiligkeit des Lebens, aber auch über die verheerenden Kräfte von Hartherzigkeit, Gerissenheit und Bosheit zu sagen hat.

Kaj Munk

Dänische Dramen.

In der Brandung - Liebe - Das Meer und die Menschen -
Eine Kalendergeschichte - Der Pfarrer von Vejlby

Aus dem Dänischen übersetzt und herausgegeben
von Paul Gerhard Schoenborn

Paperback: 412 S.; 2017; EUR 22,50; ISBN: 978-3-943940-25-1
Hardcover: 412 S.; 2017; EUR 29,00; ISBN: 978-3-943940-24-4

Er war ein auffälliger Zeitgenosse, der dänische Dorfpfarrer Kaj Munk, geboren am 13. Januar 1898 in Maribo auf Lolland. Er wirkte zwanzig Jahre als Seelsorger in Vedersø, einer kleinen Gemeinde von Bauern und Fischern an der Nordsee, bis ihn am 4. Januar 1944 ein SS-Kommando liquidierte. Mit ihm sollte der dänische Widerstand gegen die deutsche Besetzung getroffen werden.

Zugleich war er ein viel beachteter Feuilletonist und im ganzen Norden gefeierter Dramatiker. Kaj Munk gilt bis heute als eine der wichtigsten, viel diskutierten, aber auch umstrittenen Kulturpersönlichkeiten Skandinaviens der dreißiger Jahre des zwanzigsten Jahrhunderts.

Kaj Munk
Das Wort.
Drama
Aus dem Dänischen übersetzt und herausgegeben
von Paul Gerhard Schoenborn
Paperback
96 S.; 2022; EUR 12,00; ISBN: 978-3-943940-75-6
NordPark Verlag

„Ordet" – „Das Wort" ist das bekannteste Drama Kaj Munks (1898 - 1944). Das Schauspiel zeigt das Leben der Menschen in einem dänischen Dorf, so wie Kaj Munk es in Jütland erlebte. Es thematisiert soziale Gegensätze und Konflikte. Aber mehr noch: es zeigt die Spannungen zwischen Ratio und Glauben, Vernünftigkeit und Wahnsinn. Es ringt um Antwort auf einen sinnlosen, viel zu frühen Tod - eine Problematik, die Kaj Munks eigenen Glauben an Gott existentiell herausforderte. Kaj Munk schrieb „Das Wort" im Jahr 1925. Keine Theaterdirektion besaß den Mut, das Stück auf den Spielplan zu setzen. Erst am 2. September 1932 wurde „Ordet" im Privattheater Betty Nansen in Kopenhagen uraufgeführt, das zu der Zeit kurz vor dem Konkurs stand. Die Premiere wurde ein überwältigender Erfolg, das Theater war gerettet, „Ordet" die Sensation des Kopenhagener Kulturlebens. Bereits in der Saison 1932/33 erlebte „Das Wort" in Skandinavien 582 Aufführungen. Der dänische Regisseur Carl Theodor Dreyer schuf nach Kaj Munks Schauspiel einen viel gerühmten Filmklassiker, der 1954 auf der Biennale in Venedig den ersten Preis erhielt.

Kaj Munk

Ein Idealist

Einige Szenen aus dem Leben eines Königs

Aus dem Dänischen übersetzt und herausgegeben

von Paul Gerhard Schoenborn

Arne Munk

Der Dramatiker Kaj Munk
und die geistige Situation seiner Zeit

Paperback

192 S.; 2018; EUR 14,00; ISBN: 978-3-943940-44-2

Kaj Munks monumentales Drama »Ein Idealist« mit dem untertreibenden Untertitel: »Einige Eindrücke aus dem Leben eines Königs« hatte am 8. Februar 1928 im Königlichen Theater Kopenhagen Premiere. Der junge Pfarrer aus der kleinen Bauerngemeinde Vedersø an der jütländischen Nordseeküste stellte sich mit diesem Schauspiel erstmalig der dänischen Kulturszene als Bühnenautor vor.

Es ist ein historisches Schauspiel und handelt von dem unbedingten Herrscherwillen des jüdischen Königs Herodes des Großen.

Das Premierenpublikum war begeistert, die Theaterkritik aber zerriss das Stück. Es sei zu realistisch, zu brutal, zu sehr auch eine subversive Kritik am Ideal der Moderne, dem nietzscheschen Übermenschen. Heutige Theaterleute bedauern, dass »Ein Idealist« mit seiner Handlungsstärke niemals als Vorlage zu einem Hollywood-Breitwandfilm diente.

In dem beigefügten Essay »Der Dramatiker Kaj Munk und die geistige Situation seiner Zeit« zeigt Arne Munk, einer der besten Kaj-Munk-Kenner, welche Anliegen sein Vater in seinem dramatischen Werk so vehement vertrat. »Tatsächlich erkannte die Zeit sich in ihm wieder. Oder vielleicht genauer: Sie spürte durch ihn etwas von ihrer Eigenart. Gern gab man ihm daher das Geleit zum Gipfel des Berges, solange er nur nicht verlangte, man solle sich mit ihm in den Abgrund stürzen.«

Kaj Munk
Unruhestifter
(Alverdens Urostifterne)
Drama
Aus dem Dänischen übersetzt und herausgegeben
von Paul Gerhard Schoenborn
Paperback
76 S.; 2023; EUR 10,00; ISBN: 978-3-943940-82-4

Zeit seines Lebens war Kaj Munk fasziniert von dem Juden Saulus/Paulus und der Unbedingtheit, mit der dieser „Völkerapostel" die Botschaft, der gekreuzigte Galiläer Jesus von Nazareth sei der Erlöser der ganzen Welt, über die Grenzen des Judentums hinaustrug.

Noch in der Weihnachtszeit 1943 arbeitete er an einem Drama über ihn und die erste Generation der Jesusbewegung, über ihren Glauben und ihren Mut und die Verfolgungen, die sie erlitt. Auf dem letzten Manuskriptblatt seines Entwurfes vermerkte Kaj Munk ein Datum: „Vierter Weihnachtstag 1943". Acht Tage darauf, am 4. Januar 1944, wurde er in seinem Pfarrhaus von einem SS-Kommando verhaftet und nachts in den Hørbylunde Bakker nahe Silkeborg ermordet.

Kaj Munk

Von der Zeitenwende

(Fra Tidehvervet)

Drama

Aus dem Dänischen übersetzt und herausgegeben

von Paul Gerhard Schoenborn

Paperback

132 S.; 2023; EUR 12,00; ISBN: 978-3-943940-80-0

Kaj Munk hat das Drama im Sommer 1928 fertig gestellt. Auf seiner Kladde stehen nur drei Buchstaben: »T.L.C« - die Anfangsbuchstaben des Namens der Hauptgestalt des Stückes, eines römischen Naturphilosophen und Dichters: Titus Lucretius Carus.

Der junge Pastor aus Vedersø fand kein Theater, das sich für das Stück interessierte. Es setzt profunde Kenntnisse der griechischen und römischen Antike voraus, wäre also damals nur den wenigen humanistisch Gebildeten im Lande verständlich gewesen. Professor Hans Brix, der literarische Berater des Königlichen Theaters in Kopenhagen und auch Berater des Dichters, schlug ihm deshalb vor, es als Buch erscheinen zu lassen, es sei im Grunde ein Lese-Drama.

Kaj Munk
Fünf politische Predigten in einem besetzten Land
Aus dem Dänischen übersetzt und herausgegeben
von Paul Gerhard Schoenborn
Paperback
88 S.; 2024; EUR 10,00; ISBN: 978-3-943940-84-8

Mut zum Widerstand

Nach der Besetzung Dänemarks am 9. April 1940 wurde ein jütländischer Dorfpfarrer zur Symbolfigur des Widerstands gegen die deutsche Besatzungsmacht. Es war Kaj Munk, der zugleich ein in ganz Skandinavien berühmter Dichter und Dramatiker war. Seine Vorträge und Predigten haben vielen Dänen in jenen Jahren den Mut zum Widerstand gestärkt. Denn Kaj Munks scharfer öffentlicher Protest wurde zur Kenntnis genommen. Weil er der Zensur ausgesetzt war, erschienen drei politisch-kritische Predigten in einem Untergrundverlag mit Namen »Paaskeliljen« (»Osterglocken«). Nach Kaj Munks Ermordung durch die SS kursierten sie in vielfältigen illegalen Nachdrucken im Lande.Kaj Munks Adventspredigt im Kopenhagener Dom, in der er mit Aufruhr droht, wurde hektographiert im Untergrund verbreitet. Die Neujahrspredigt, in der er die Kollaboration mancher seiner Gemeindemitglieder scharf verurteilte, wurde erst nach der Befreiung Dänemarks veröffentlicht. Dass Kaj Munk sich durch sein offenes Wort in Lebensgefahr brachte, war ihm wohl bewusst. Aber er wollte und konnte die Wahrheit nicht verschweigen.

»Die Kirche ist der Ort, wo das Unrecht in den Bann getan, die Lüge entlarvt, die giftige Bosheit angeprangert werden muß – der Ort, wo Barmherzigkeit geübt werden soll als Quelle des Lebens, als Herzschlag der Menschheit.«